意大利足球青训营训练教程
——源于意大利足球甲级联赛完整足球训练计划

（U15—U19）

［意］马里科·马赞蒂尼　西蒙尼·邦巴迪里　著

于浩　梁国强　王晓楠　译

人民体育出版社

编译委员会

主任

李吉慧	山西师范大学	教　授	硕士生导师
郑　旗	山西师范大学	教　授	硕士生导师
侯会生	中央民族大学	副教授	硕士生导师

成员

刘　丹	中央民族大学	研究生	
王　林	山西师范大学	讲　师	
王卫东	山西师范大学	讲　师	
沈　军	山西师范大学	讲　师	
于　浩	中央民族大学	讲　师	
王　新	中央民族大学	讲　师	
沈国征	山西师范大学	副教授	硕士生导师
侯　彪	北京体育大学	研究生	
王晓楠	中央民族大学	研究生	
王嵩洛	中原工学院	副教授	
刘国涛	中央民族大学	讲　师	
钟复春	吉林警察学院	讲　师	
陆建森	山西师范大学	副教授	
梁国强	山西师范大学	讲　师	

作者简介

马里科·马赞蒂尼
（佛罗伦萨俱乐部青训营教练员）

马里科·马赞蒂尼曾经在恩波利俱乐部执教10年，几乎执教过青训营所有重点年龄段的队员。2010年，他被佛罗伦萨俱乐部聘请为U14/U15梯队的主教练，并在2010/2011赛季带领球队赢得意大利甲级俱乐部U15联赛的冠军。马里科·马赞蒂尼是欧足联"B"级教练员，著有多部教练员教材、论文、书籍和光盘。

西蒙尼·邦巴迪里
（恩波利俱乐部教练员）

西蒙尼·邦巴迪里曾在恩波利俱乐部效力5年，退役后被恩波利俱乐部聘任为教练员。在过去的9年时间里，他执教过U9到U14各个年龄段的队伍。接下来的一个赛季他将执教U15青训队。西蒙尼·邦巴迪里是欧足联"B"级教练员，著有多部教练员教材、论文、书籍和光盘。

意式足球理念

意式足球诞生于2005年。马赞蒂尼（佛罗伦萨俱乐部）和邦巴迪里（恩波利俱乐部）都是来自意大利甲级联赛的职业俱乐部教练员。他们不仅对青少年足球运动的发展充满激情，而且还将意式足球哲学传播到美国、加拿大、法国和挪威等世界各地当作毕生的事业。

意式足球理念包括了意大利足球的特点，以及马赞蒂尼和邦巴迪里两位教练员在意大利及世界各地丰富的训练经验。书中的训练方法简单有效，且经过两位作者长期的实践证明，并成功培养了多名技战术能力出众的顶级球员。

这套训练方法被多家小俱乐部梯队采用，并获得了极大的成功。马赞蒂尼在2010/2011赛季带领佛罗伦萨俱乐部U15球队击败众多豪门俱乐部（如AC米兰、国际米兰、尤文图斯等），赢得意大利甲级俱乐部U15联赛的冠军

许多接受过这套方法训练的球员，已经进入了职业俱乐部，而且很多人被国家队选中，参加各个年龄段的国际赛事，这种现象很少见。

这本书包含了12个单元的训练课，每个单元围绕技战术设计6个练习。这12个单元的训练课遵循"由易到难"的原则，满足了训练提高的需要。

在这本书中，整体练习对于教练员及各个位置的运动员非常有用，当然里面的很多特殊练习是专门为个人职责或位置设计的（如前锋、中场队员或后卫）。

马赞蒂尼和邦巴迪里在技术训练方面具有丰富的专业知识，他们开发了很多面向各个年龄层次的训练方法，也就是说这12个单元的训练课可以反复使用，使得训练体系更完整。

真切的希望读者喜欢这套训练方法，并且运用到实践中以培养越来越多的优秀职业球员，也正是这种期望促使两位教练员将自己的所学及经验"落实到纸上"。

课程格式

课程格式

本书共有12个单元的训练课，每个单元至少包含6个难度不同的练习。
所有12个单元的训练课都开始于：
练习1　有球热身活动
练习2　足球专项体能
练习3　技战术练习
每个单元的训练课都配有清晰的图解和训练要点：
- 练习名称
- 训练目标
- 训练要点
- 练习的变化与提高（如果有的话）
- 指导要点

图　例

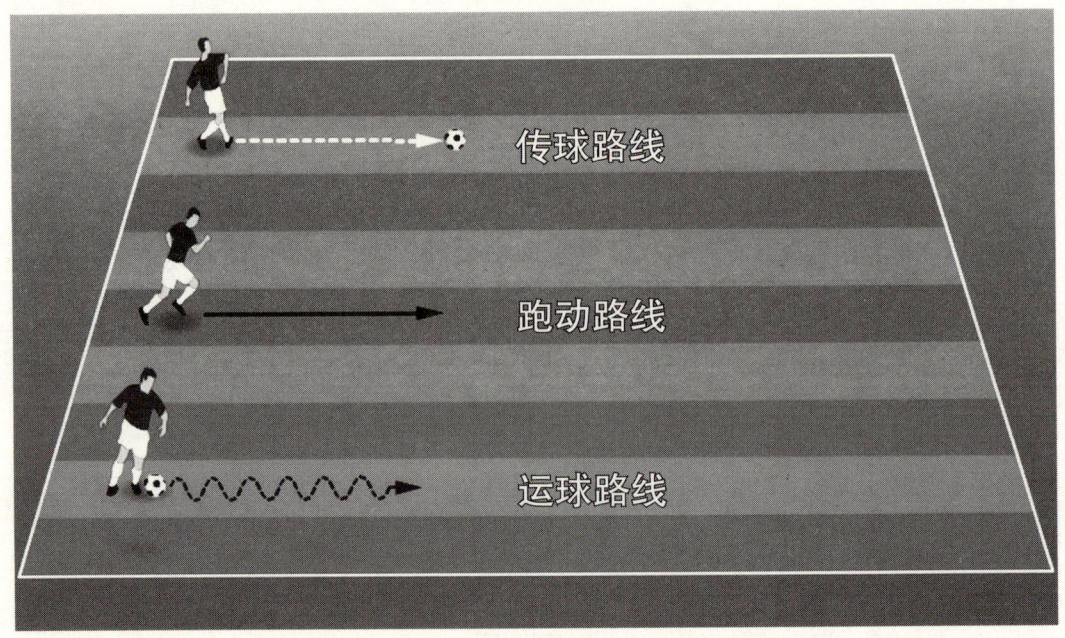

目 录

第一单元

练习1　技术热身：控球 …………………………………………（2）
练习2　足球专项体能 ……………………………………………（3）
练习3　技术训练：运球和协调性 ………………………………（4）
练习4　个人进攻和防守练习 ……………………………………（5）
练习5　比赛情景：盯人能力 ……………………………………（7）
练习6　小场地比赛：运球和带球跑 ……………………………（8）

第二单元

练习1　热身：两块小场地比赛 …………………………………（10）
练习2　有球和无球的间歇训练 …………………………………（11）
练习3　控球技术 …………………………………………………（12）
练习4　比赛情景：正面盯人和背后盯人 ………………………（14）
练习5　小场地比赛：带球跑 ……………………………………（15）
练习6　小场地比赛：运球和1对1对抗练习 …………………（16）

第三单元

练习1　热身：小场地比赛中的运球和带球跑 …………………（18）
练习2　速度、力量、反应和加速能力 …………………………（19）
练习3　技术训练：控球、假动作和运球 ………………………（20）
练习4　真实比赛情景：1对1和2对2 …………………………（21）
练习5　小场地比赛：人盯人 ……………………………………（23）
练习6　无限制条件的小场地比赛：半场 ………………………（25）

第四单元

练习1　热身：小场地比赛——控球 ……………………………（27）
练习2　有氧耐力训练 ……………………………………………（28）
练习3　技术训练：在空当中接球 ………………………………（29）

	练习 4	队员站位和抢截战术 ……………………………………………（31）
	练习 5	真实比赛情景：2对1练习 …………………………………………（33）
	练习 6	小场地比赛：快速传接 ……………………………………………（34）

第五单元

	练习 1	热身：心理动力训练（快速思考和行动）……………………………（36）
	练习 2	传球练习中的体能训练 ……………………………………………（37）
	练习 3	正确的传球时机 ……………………………………………………（38）
	练习 4	整体战术：控球和防守 ……………………………………………（39）
	练习 5	小场地比赛：4对2和6对4对抗 ……………………………………（41）
	练习 6	小场地比赛：心理动力训练（快速思考和行动）…………………（42）

第六单元

	练习 1	热身：心理动力训练（快速思考和行动）……………………………（44）
	练习 2	爆发力和体能 ………………………………………………………（45）
	练习 3	正确时机传球练习 …………………………………………………（46）
	练习 4	压迫和保护位置的整体战术 ………………………………………（47）
	练习 5	心理动力控球训练：动态比赛 ……………………………………（48）
	练习 6	心理动力控球训练：使用3种颜色 ………………………………（49）

第七单元

	练习 1	热身：小场地头顶球比赛 …………………………………………（51）
	练习 2	足球专项耐力 ………………………………………………………（52）
	练习 3	技术训练：横传球、抢点射门和传球 ……………………………（53）
	练习 4	位置技术训练：横传球和射门 ……………………………………（55）
	练习 5	整体战术：由后场组织发起的进攻 ………………………………（57）
	练习 6	小场地比赛：交叉跑动配合 ………………………………………（58）

第八单元

	练习 1	热身：头顶球技术、控制和平衡 …………………………………（60）
	练习 2	1对1时的爆发力练习 ………………………………………………（61）
	练习 3	两人配合头顶球技术练习 …………………………………………（63）
	练习 4	进攻头顶球练习 ……………………………………………………（64）
	练习 5	整体战术：由后场组织发起的进攻 ………………………………（65）

目录

　　练习6　小场地比赛：进攻组织·····················（67）

第九单元

　　练习1　热身：控球和转移球·····················（70）
　　练习2　体能训练：变向和爆发力···················（71）
　　练习3　控球和配合·························（72）
　　练习4　11对4比赛组合和射门练习··················（73）
　　练习5　11对6比赛组合和射门练习··················（74）
　　练习6　无限制条件的11对11小场地比赛················（76）

第十单元

　　练习1　热身：控球和射门······················（78）
　　练习2　有球/无球的耐力和速度练习··················（80）
　　练习3　预判和抢截球························（81）
　　练习4　比赛情景：假动作和射门···················（83）
　　练习5　进攻组合和射门·······················（84）
　　练习6　小场地比赛：控球和进攻组织·················（87）

第十一单元

　　练习1　热身：控球和射门······················（89）
　　练习2　速度训练··························（91）
　　练习3　快速传接球、射门和个人防守·················（92）
　　练习4　实战：个人战术、反击和射门·················（95）
　　练习5　进攻组合和射门：10对4···················（97）
　　练习6　战术比赛：控球和进攻组织··················（99）

第十二单元

　　练习1　热身：控球和射门······················（101）
　　练习2　2对1起动速度························（102）
　　练习3　正面1对1对抗情景······················（103）
　　练习4　压迫情况下的反击······················（104）
　　练习5　小场地比赛：快速传接····················（105）
　　练习6　反击战术比赛························（106）

第一单元

练习1　技术热身：控球

练习2　足球专项体能

练习3　技术训练：运球和协调性

练习4　个人进攻和防守练习

练习5　比赛情景：盯人能力

练习6　小场地比赛：运球和带球跑

练习1　技术热身：控球　　　20分钟

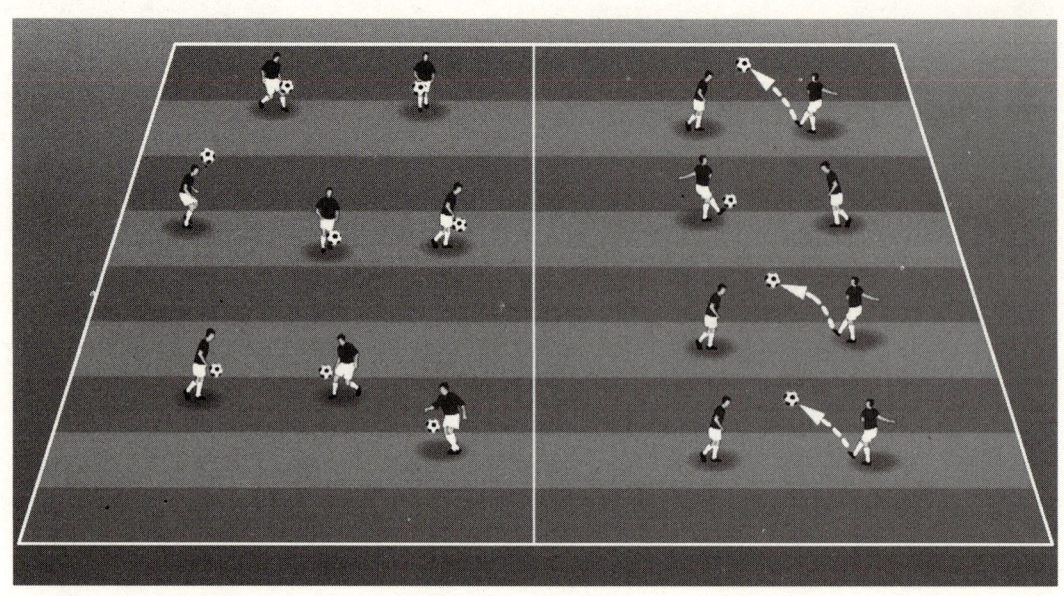

一、训练目标

通过专项技术热身练习提高队员的控球技术能力。

二、组织方法

球队分为两组。

第一组队员每人一球进行颠球练习，每分钟变换一种颠球方式（如仅用右脚或左脚、左右脚交替、左右脚双次交替、4次脚部颠球后1次头部颠球等）。

同时，第二组队员两人一组进行练习，其中一名队员在将球传给另一名队员后紧接着做一个协调性练习动作，例如前滚翻、后滚翻、5个抱膝跳、5个交替凌空侧踢或5个左右方向的侧向移动。另一名队员接球后进行颠球，传球后也做一个协调性练习动作（动作同前）。当第一名队员完成协调性练习动作后便要准备接球。

每间隔1分钟教练员变换协调性练习动作。10分钟后两组交换练习内容。

分别在5、10、15、20分钟后进行拉伸。

三、训练要点

（1）个人练习：柔和的触球感觉和多触球。

（2）两人配合：将注意力集中在球上。

第一单元

练习2　足球专项体能　　20分钟

一、训练目标

奠定足球运动专项体能基础（有氧耐力练习）。

二、组织方法

（1）10分钟：在场地中自由带球跑［（强度等级：80%）图1］。

（2）5分钟：拉伸。

（3）5分钟：间歇训练——（变速跑）50秒慢速、10秒快速（图2）。

（4）2分钟：积极性恢复，在场地中带球慢跑（图3）。

练习3　技术训练：运球和协调性　　　　　15分钟

一、训练目标

发展队员运球过程中的协调性和节奏变换能力。

二、组织方法

节奏的变换：球队分为三列。

（1）第一列队员依次运球绕过每一个标志桶。

（2）第二列队员依次运球绕过每两个相邻的标志桶。

（3）第三列队员依次运球绕过每一个标志桶，但是与第一列队员相比运球节奏随着每两个标志桶之间距离的变化而变化。

三、训练要点

（1）为了运球绕标志桶时不失误，要求队员对球有一个良好的控制（快速柔和地触球）。

（2）膝关节微屈将球控制在脚边。

（3）多触球。

（4）柔和的触球感。

第一单元

练习4　个人进攻和防守练习

15分钟

一、训练目标

发展"意式"盯人和提高进攻移动/假动作能力。

二、组织方法

球队分成两组。

1. 第一组：1对1比赛情景

后卫将球传给前锋，在前锋第一次触球时后卫上前防守，封锁进攻路线。前锋必须努力将球射入小球门。后卫的目标是保护球门并将球破坏出界外。

2. 第二组：前锋和前卫

队员先向第一个假人运球（如果没有假人可用标志物代替），然后做一个假动作（如左晃右拨），加速向第二个假人运球，采用同样的假动作通过三个假人。练习2分钟后换一个假动作进行练习。

三、训练要点

1. 后卫

重点是正面防守,因此要注意以下几方面:

(1)判断对手的速度。

(2)后卫的跑动速度要先快后慢,接近对手前减速。

(3)后卫的双脚位置(应该始终保持一只脚在前,切勿双脚处于同一水平线上),这也被称"赛马运动员"或"冲浪运动员"站位。

(4)后卫必须逼迫前锋用弱侧脚控球。

2. 前锋和前卫

(1)将球控制在脚边。

(2)扩大移动范围/假动作幅度。

(3)假动作晃过假人后变速。

练习5　比赛情景：盯人能力

15分钟

一、训练目标

在比赛情景下提高队员的盯人能力。

二、组织方法

【比赛1】"1对1结束区"

首先后卫传球给前锋，在前锋第一次触球时后卫必须上前防守，封锁进攻路线。若前锋将球停在得分区域则得1分。如果后卫抢截成功，必须在3秒钟内完成射门。

【比赛2】"1对1多目标球门练习"

首先后卫传球给前锋，在前锋第一次触球时后卫必须上前防守，封锁进攻路线。若前锋成功地将球运过其中一个标志桶摆成的球门（蓝色和黄色）就得1分。如果后卫抢截成功，必须在3秒钟内完成射门。

三、训练要点

（1）预判对手的速度。
（2）尽力逼迫对手使用弱侧脚控球。

练习6　小场地比赛：运球和带球跑　　　　15分钟

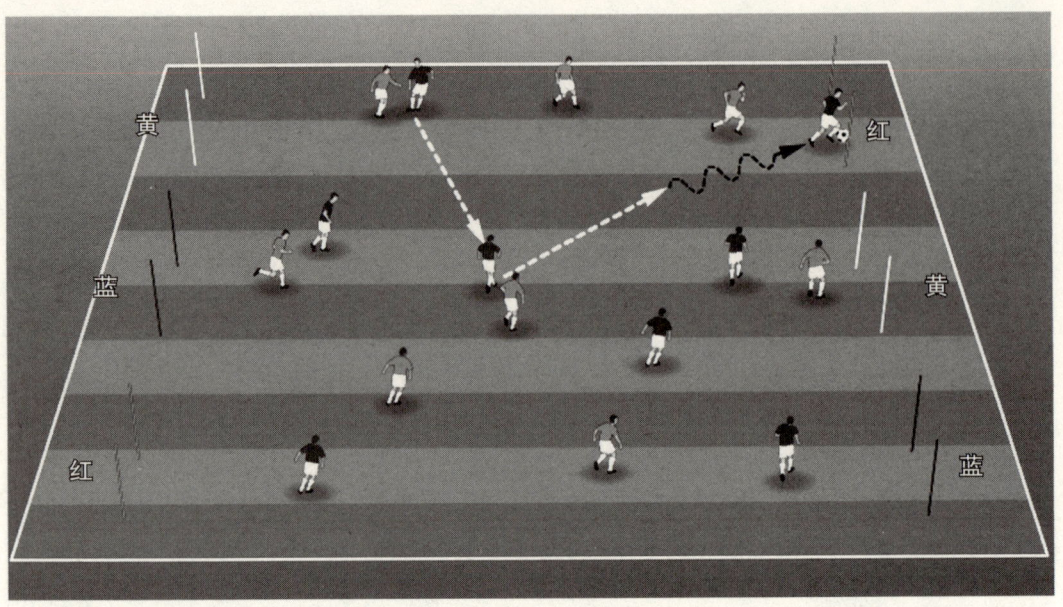

一、训练目标

提高队员运球和带球跑技术能力。

二、组织方法

在40码×30码（1码=0.9144米。下同）的场地中放置6个球门（2红、2黄、2蓝）。

队员运球或带球跑过任意球门后停球即可得分。

在第一个8分钟内，队员可运球或带球跑进任意球门。在第二个8分钟，教练员指定两队可进入的（不同颜色）球门，而且教练员可以在恰当的时候变换指定的（不同颜色）球门。

三、训练要点

（1）快速比赛和思考。
（2）创造空间，甩开防守队员以便接球。
（3）每次尝试运用不同的移动/假动作摆脱防守队员。

第二单元

练习1　热身：两块小场地比赛
练习2　有球和无球的间歇训练
练习3　控球技术
练习4　比赛情景：正面盯人和背后盯人
练习5　小场地比赛：带球跑
练习6　小场地比赛：运球和1对1对抗练习

练习1　热身：两块小场地比赛　　　　　　　20分钟

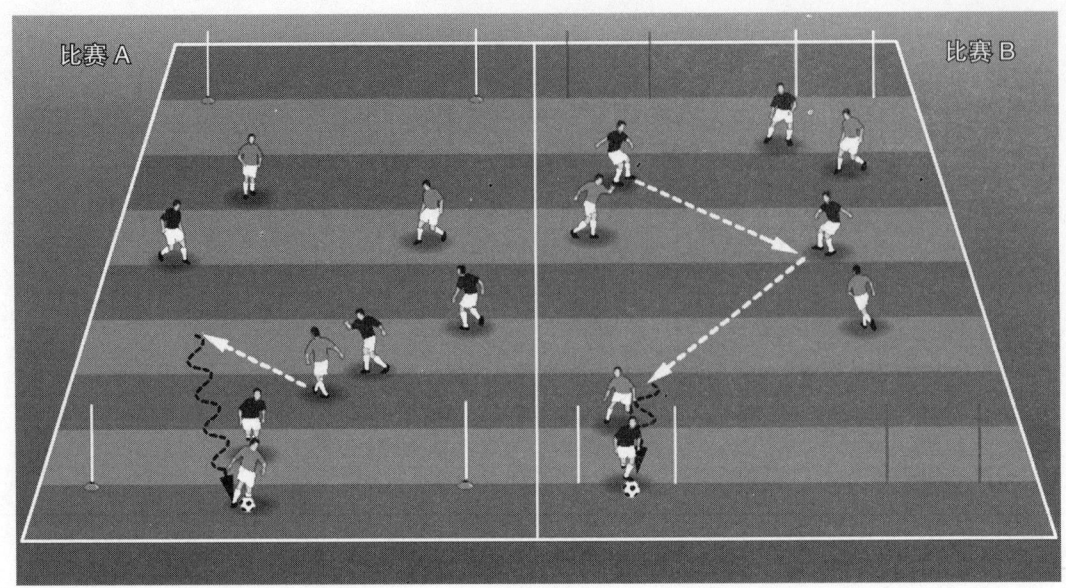

一、训练目标

通过小场地比赛提高队员运球及带球跑能力。

二、组织方法

球队分成两组，分别进行两种不同的比赛。

【比赛A】"橄榄球比赛"

比赛目标是在标志杆圈定的范围之内带球跑，队员带球跑过底线标志杆后脚底停球即得1分。就像橄榄球比赛一样，队员只能运球/带球跑和回传球。

【比赛B】"四球门比赛"

比赛目标是在规定场地内通过运球/带球跑在停球之前穿过球门（标志杆之间）。在比赛中教练员还可通过喊出各球门标志杆的颜色来改变"目标球门"。

分别在热身活动的5、10、15、20分钟后进行拉伸。

三、训练要点

（1）快速比赛和思考。

（2）每次尝试运用不同的假动作/移动动作。

练习2　有球和无球的间歇训练　　20分钟

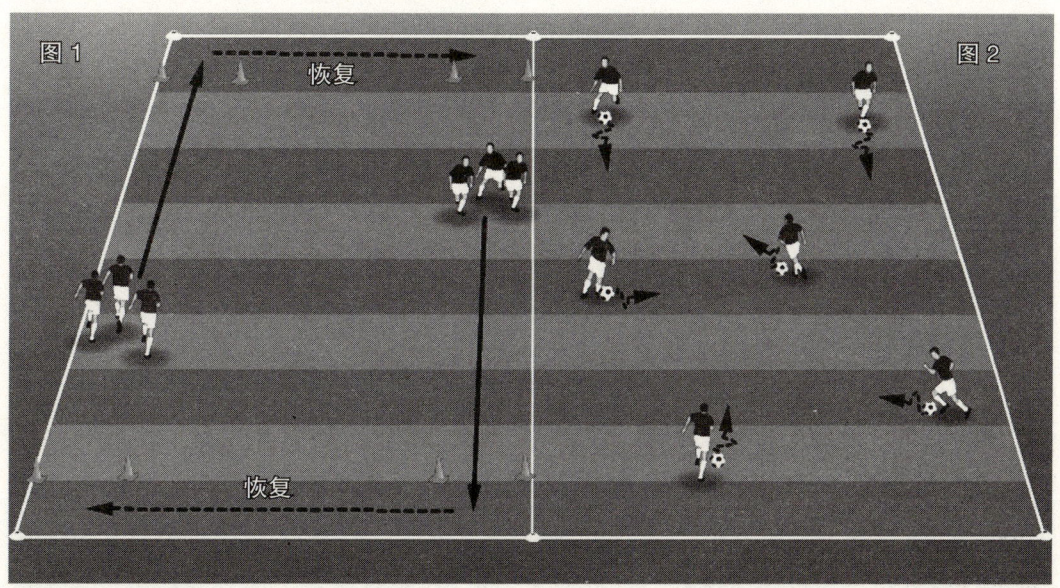

一、训练目标

采用间歇训练奠定队员的专项体能基础。

二、组织方法

球队分为两组，在交换训练内容之前两组同时练习。

（1）5分钟：6组200米跑（最大速度——组间慢跑恢复）。也可以每人一球带球跑（图1）。

（2）5分钟：拉伸。

（3）10分钟：带球跑〔（1分钟慢速、1分钟快速）图2〕。

（4）2分钟：在下一内容练习开始前休息恢复。

练习3 控球技术

15分钟

一、训练目标

通过三种不同的路线训练，提高队员运球和控球能力。

二、组织方法

1. 路线A

队员蛇形运球，绕过间距为50厘米的标志物后将球传给下一位队员。

变换练习：

- 仅用右脚运球。
- 仅用左脚运球。
- 左右脚交替运球。
- 双脚脚外侧运球。
- 双脚脚内侧、脚外侧运球。

2. 路线B

队员按照对角线8字形图案的线路运球，绕过标志物后将球传给下一位队员。

变化：

- 仅用右脚运球。

第二单元

- 仅用左脚运球。
- 脚内侧运球。
- 脚外侧运球。

尽量快速多次触球。

3. 路线C

队员必须按照蛇形线路颠球绕过标志杆，并将球传给下一位队员。

变化：
- 仅用右脚颠球。
- 仅用左脚颠球。
- 左右脚颠球。
- 左脚一次右脚一次。
- 大腿颠球。
- 脚两次和大腿双次交替颠球。

三、训练要点

（1）多次触球。

（2）触球要柔和。

练习4　比赛情景：正面盯人和背后盯人

15分钟

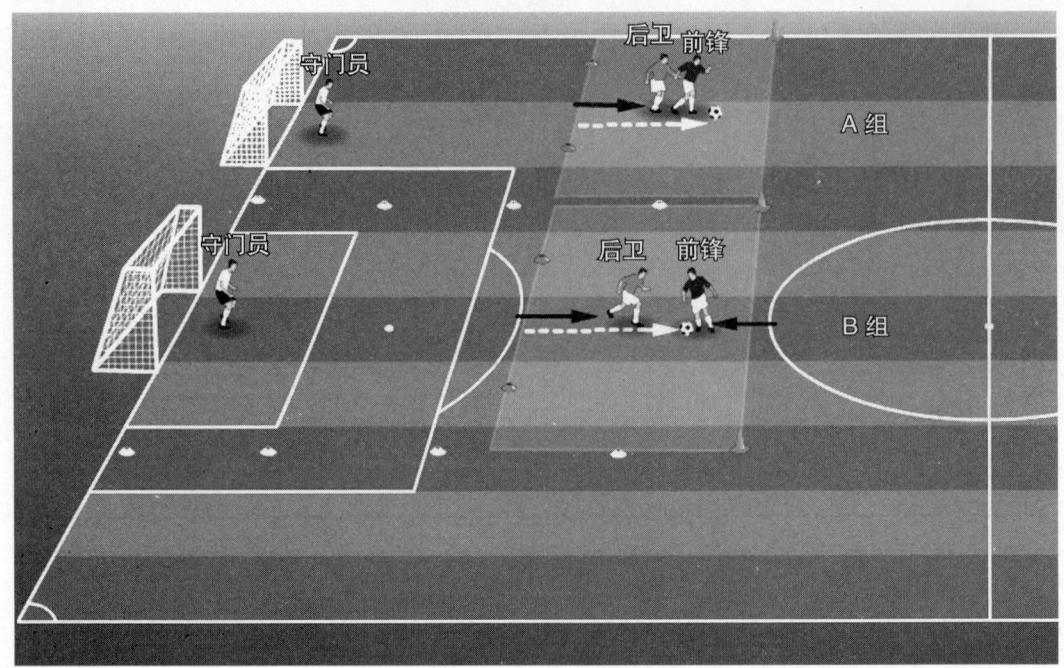

一、训练目标

在比赛情景下提高队员的盯人能力（正面盯人和背后盯人）。

二、组织方法

1. A组："背后盯人"

后卫和前锋背对守门员从红色标志物之间开始练习，后卫向前传球，两人同时向前跑动，前锋接球后尽力转身，转身后向前超越红色标志物并射门。后卫必须防止前锋转身。后卫和前锋之间保持的恰当距离约为50厘米，当前锋试图转身时，这个距离可以保证后卫更容易地进行干扰。

2. B组："正面盯人"

后卫正面传球给前锋，前锋接球后必须越过红色标志物，进入罚球区后完成射门。后卫必须阻止前锋进入罚球区，并将球破坏出界外。

教练员在7分钟后指导队员交换练习内容。

三、训练要点

（1）预判对手的速度，并尝试将对手逼向其弱侧。

（2）身体姿势——前后脚站立，赛马运动员/冲浪运动员姿势。

练习5　小场地比赛：带球跑

15分钟

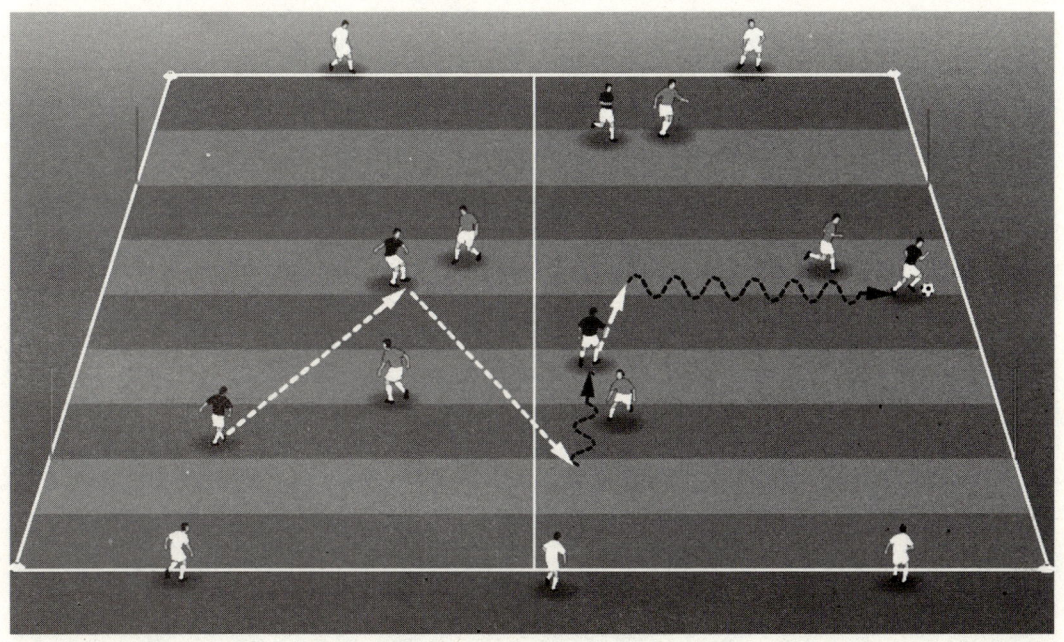

一、训练目标

提高队员带球跑能力。

二、组织方法

球队分为三组。

红色和蓝色队服组在场地中央进行5对5对抗练习，黄色队服组在场边等候。

当其中一组带球跑过标志杆（可用标志物代替）即得1分（如图所示），防守组便出局，黄色队服组入场。

每次一组得分后，这一组便留在场上并向相反方向进攻。

另外两种可以考虑的比赛条件：

（1）场外队员可以加入，但是只有一次触球机会。

（2）得两分后换下失利的一组。

三、训练要点

（1）快速比赛和思考。

（2）迅速分析比赛环境的改变。

（3）鼓励运用不同的假动作/移动动作突破对手。

练习6　小场地比赛：运球和1对1对抗练习　　20分钟

一、训练目标

通过小场地比赛提高队员运球及和门将1对1的能力。

二、组织方法

加上两个门将最多进行8对8的练习。

队员在场地中央练习，目标是通过传球或者带球进入没有防守队员的罚球区，并和门将进行1对1对抗练习。在1对1对抗练习时，队员必须运球越过门将后射门。

如果队员得分，本方门将获得发球的权利。如果没有得分，防守组门将获得发球的权利。

三、训练要点

（1）在场地中央——创造向场外进攻的空间。

（2）直接面对门将，将增加门将的防守难度，同时增加持球者向左右进攻的选择。

（3）因为门将有用手触球的优势，所以队员的假动作要果断、快速。

第三单元

练习1　热身：小场地比赛中的运球和带球跑

练习2　速度、力量、反应和加速能力

练习3　技术训练：控球、假动作和运球

练习4　真实比赛情景：1对1和2对2

练习5　小场地比赛：人盯人

练习6　无限制条件的小场地比赛：半场

练习1　热身：小场地比赛中的运球和带球跑　　15分钟

一、训练目标

通过小场地比赛提高队员的运球和带球跑能力。

二、组织方法

在场地内任意放置6个标志桶（间隔2码），目标是带球/运球穿越两个标志桶围成的球门。得分后继续带球穿越另一个球门得分。

分别在热身活动的5、10、15、20分钟后拉伸。

三、训练要点

（1）在整个热身活动中，所有队员必须保持跑动状态，不能走动。

（2）鼓励队员半转身接球。这能提高他们更快、更好的决策意识。

（3）鼓励队员抬头，以利于更好的观察球、其他队员和球门。

第三单元

练习2　速度、力量、反应和加速能力　　20分钟

一、训练目标

提高队员在有球和无球状态下的速度、力量、反应和加速能力。

二、组织方法

球队分为三组，在交换训练内容之前三组同时练习。

（1）5分钟：队员跳过三个栏架后，用头顶球回传教练员，紧接着向指定的标志桶冲刺（图1）。

（2）5分钟：队员在划定的场地内颠球。每颠球30秒后放下球以最大速度绕场地跑30秒（图2）。

（3）5分钟：队员1身体前倾带球冲刺20码。队员2身体前倾带球冲刺20码，并将球停在指定区域内。队员3完成队员2的内容后换方向继续带球冲刺5码（图3）。

每个训练内容重复10组。

练习3　技术训练：控球、假动作和运球

10分钟

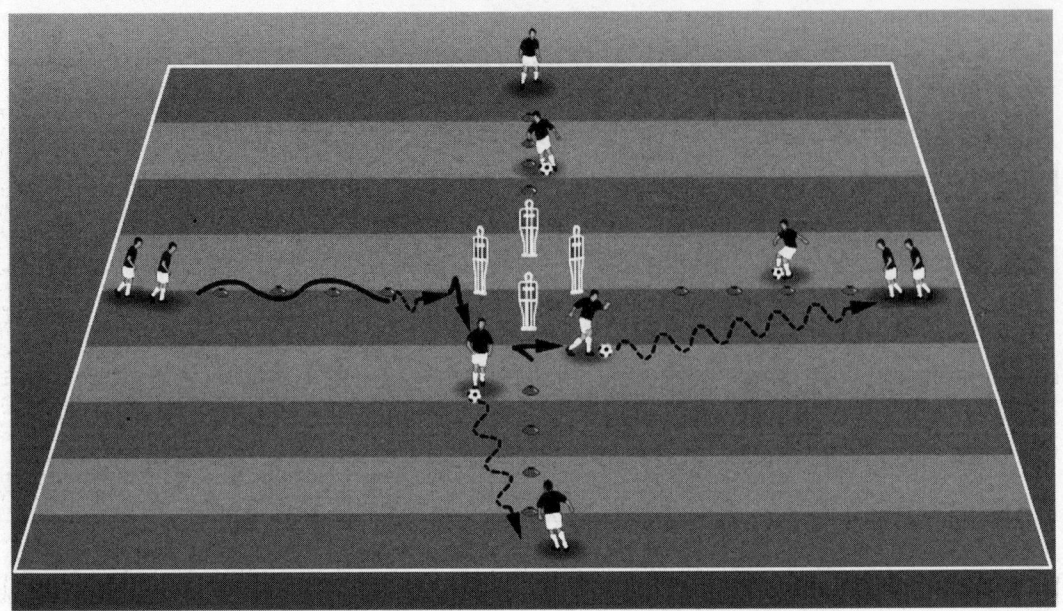

一、训练目标

提高队员的控球、假动作和运球能力。

二、组织方法

这种练习被称为"星形练习"，可以根据队员人数设置1个或者更多的站点。

4名队员从星形的4个站点出发，队员运球绕过标志物。当他们接近假人后，完成一个移动动作/假动作，然后向右侧方向带球换到下一个站点。

每两分钟教练员变换练习：

- 运球顺序——例如运球绕过两个相邻的假人等。
- 技术——脚内侧、脚外侧运球等。
- 移动动作/假动作类型的变化。
- 将轮转方向从逆时针改为顺时针。

三、训练要点

（1）将球控制在脚边。
（2）多触球。
（3）触球柔和。
（4）移动动作/假动作——假装向一侧移动的动作要逼真，转而向另一侧移动。

第三单元

练习4　真实比赛情景：1对1和2对2　　　　15分钟

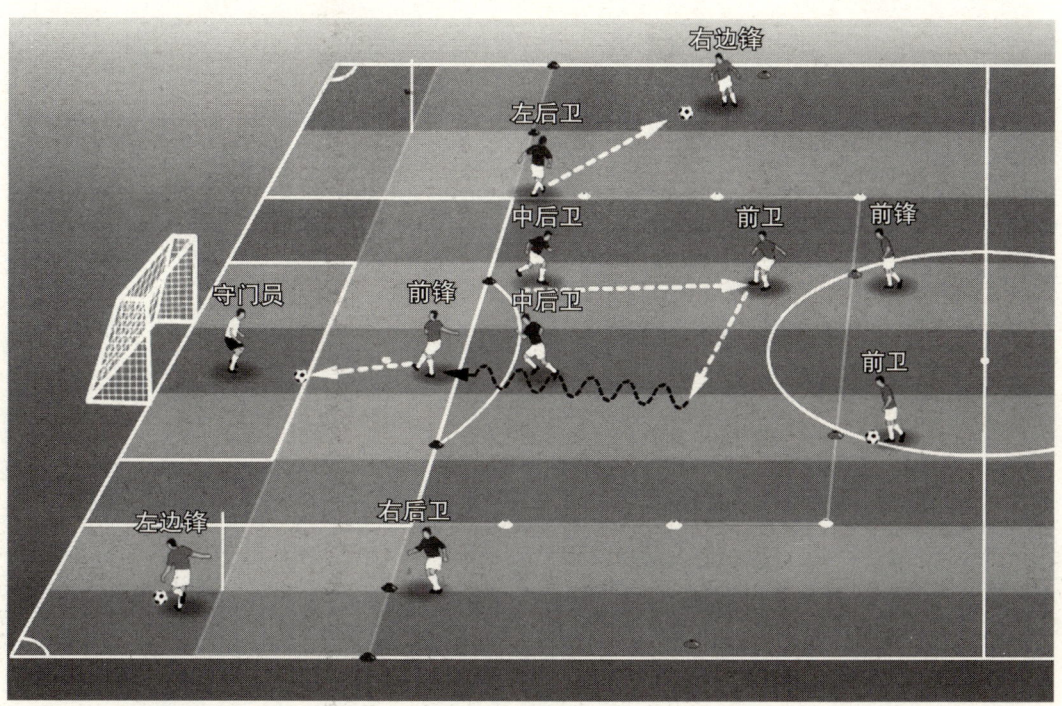

一、训练目标

模拟真实比赛情景下带球跑、运球和突破对手。

二、组织方法

1. 中路区域

在2对2对抗练习中，两名后卫（蓝色队服）防守两名前卫/前锋（红色队服）。两名前卫队员中的一个传球给另一名前卫/前锋来模拟真实比赛情景。前卫/前锋的任务是突破后卫并向前直线推进到18码线后，在这个区域他们中的任何一人可以在没有对手防守的情况下射门。如果中后卫抢截球成功，可以将球传给下一组上场的任何一名前卫/前锋去射门得分。

2. 左右边路区域

后卫防守边路前卫队员（亦称边锋）。后卫传球给边锋，而边锋的任务是突破后卫并向前直线运球越过18码线并绕过标志杆，然后横传。守门员尽力接住横传球。在这种特殊比赛情景下，教练员可以要求边锋将球传到近门柱或者远门柱。

三、训练要点

（一）后卫

（1）预判对手的速度。

（2）后卫的速度要先快后慢，在靠近持球队员前减速。

（3）后卫的双脚位置（始终保持一脚在前一脚在后，切勿双脚处于同一水平线）。这也称"赛马运动员"或者"冲浪运动员"站位。

（4）所有后卫必须将进攻队员压制到外侧靠近边路的区域。

（5）中后卫必须迫使对手将球控于弱侧。

（二）前锋和前卫

1. 边路

（1）将球控制在脚边。

（2）运用移动动作/假动作突破对手。

（3）在接近标志杆之前，抬头观察判断最佳的横传路线。

2. 中路

（1）创造空间以利于在空当中接球。

（2）综合采用进攻选择：小步子、大步子，以及用哪只脚接球和在防守队员身后接球。

（3）鼓励队员抓住机会突破防守队员，并直线超越18码线。

（4）鼓励队员展现自己的想法，抓住机会。

图中展示的是3组同时练习，然而教练员可以在任何规定的时间内仅安排一组开始练习，逐步发展成3组同时练习。

这个练习中守门员必须同时处理3个球，所以能提高守门员的注意力。

如果有两名守门员，那么他们可以同时练习。

练习5　小场地比赛：人盯人　　　　　15分钟

一、训练目标

通过小场地比赛提高队员人盯人的能力。

二、组织方法

两队，每队由5名队员和1名守门员组成：
- 1名自由人，不进行盯人，也不射门。
- 4名队员进行固定的人盯人。

每个队员只能防守固定的对手。摆脱防守的队员可以在没有其他防守队员（除了自由人）干扰的情况下射门。

如果一个队员被防守队员断球，且防守队员射门得分，那么他必须做10个俯卧撑。在这个特殊的人盯人比赛中，教练员可以演变出很多比赛场景。例如，中卫对前锋、左后卫对右边锋等。

三、训练要点

（1）后卫要重点盯防固定的对手，设法了解其特点。

（2）后卫需要紧盯各自固定的对手，并使自己始终处于进攻队员和球门之间，如果球穿越防守队员传到进攻队员脚下，那么后卫处于半转身的状态将有利于快速移动。

（3）后卫应该紧盯各自固定的对手，以防对手接球后转身，但是距离不能过近，因为对手易把球传向身后。

（4）当球传向对手时，可以干扰、断球吗？如果不是对应的后卫就不应该参与，但是可以在传球时抢截球。

（5）尽管后卫必须紧盯各自的对手，但是出现有威胁的球时后卫必须去防守另一名对手。

第三单元

练习6　无限制条件的小场地比赛：半场　　15分钟

一、训练目标

通过无限制条件的比赛了解队员从之前的练习（练习5）中学到了什么。

二、组织方法

在半块场地内，进行包括守门员在内的8对8无限制条件的自由比赛。

确保队员的场上位置是他们之前练习（练习5）中的位置，这样就可以分析他们的进步。

如图所示，蓝队安排4名后卫、2名前卫和1名前锋。红队安排1名后卫、4名前卫和2名前锋。

三、训练要点

无训练要点，让队员尽情发挥。

第四单元

练习1　热身：小场地比赛——控球

练习2　有氧耐力训练

练习3　技术训练：在空当中接球

练习4　队员的站位和抢截战术

练习5　真实比赛情景：2对1练习

练习6　小场地比赛：快速传接

第四单元

练习1　热身：小场地比赛——控球　　10分钟

一、训练目标

通过小场地比赛提高队员的控球能力。

二、组织方法

在两块场地进行比赛，在20码×30码或20码×15码的小场地中同时进行（5对5或4对4）比赛。主要训练目的是控球。每队连续完成4次传球后得1分。也可以进行如下变化：

● 2次触球——最多两脚触球。

● 所有传球都是地面球，即传球高度在膝关节以下，如果传球高度超过膝关节，双方交换球权。

分别在5、15分钟后进行拉伸。

三、训练要点

（1）创造空间以便找到合适的接球位置。

（2）接球时的身体姿态和角度以及判断下一次传球。

（3）要求队员尽可能两脚触球。

（4）减少第一次触球（接球）和第二次触球（传球）之间的时间间隔。

练习2　有氧耐力训练　　20分钟

一、训练目标

奠定足球专项体能基础——有氧耐力能力。

二、组织方法

在圈中有两支队伍。

根据教练员要求，红队队员跑出圈外，并跑向教练员选择的标志物（例如喊出的颜色或数字），然后再跑回圈中。

同时，在红队返回之前，绿队队员在圈中尽可能多地传接球。

一旦红队队员全部回来，绿队跑出圈外进行同样练习，依次重复。

2分钟一组，共进行4组，组间间歇1.5分钟

第四单元

练习3　技术训练：在空当中接球　　　20分钟

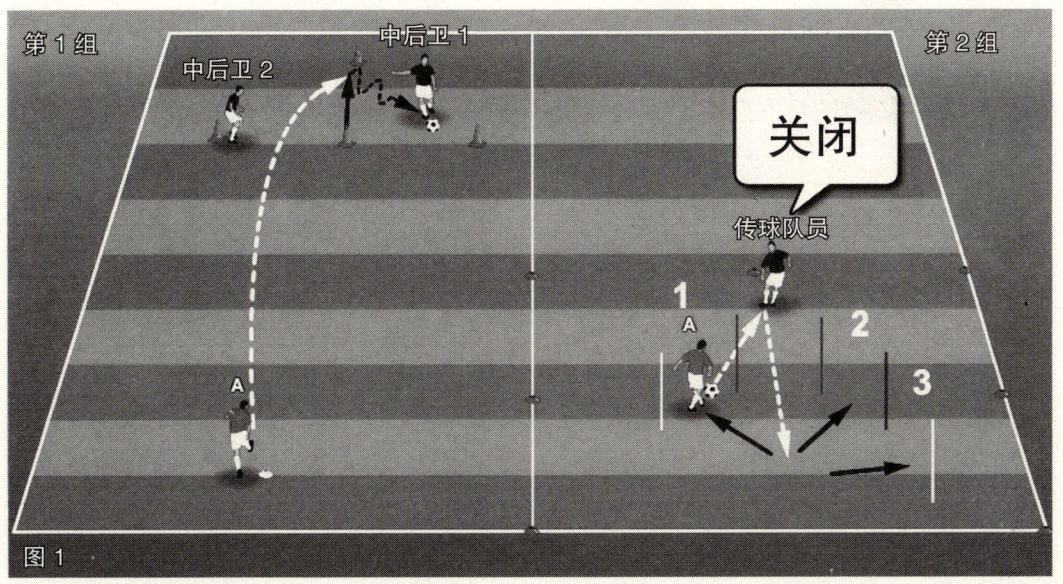

图1

一、训练目标

提高队员在空当中接球的能力。

二、组织方法

球队分为两组（图1）。

1. 第1组（右侧）

练习开始时队员"A"站在标志杆的中间位置，传球队员将球传向红色标志杆之间，同时传球队员喊出三种选择中的一种。队员"A"第一次触球时必须在三个小门之间的任意小门里。这三种选择分别是：

（1）传球队员喊"关闭"：队员"A"用右脚内侧将球停到球门1里（黄色和红色标志杆）。

（2）传球队员喊"打开"：队员"A"用右脚内侧将球停到球门2里（红色和蓝色标志杆）。

（3）传球队员喊"外侧"：队员"A"用右脚外侧将球停到球门3里（蓝色和黄色标志杆）。

2. 第2组（左侧）

练习开始时中后卫1和2站在中间的标志桶旁边，队员"A"抛球，与此同时队员1和2快速回撤，在空当处接球（这个场景在防守队员身上经常出现），其中，队员1控球并带球向队员2的反方向跑动，然后队员2跑向标志桶1或2。最后队员1再将球回传给队员"A"。

3. 变换练习（图2）

（1）用胸部停球，并传回给队员"A"。

（2）用脚内侧或脚外侧直接将空中球传给另一名中后卫，这名中后卫接球后再回传给队员"A"。

（3）用头将球直接传给另一名中后卫，这名中后卫接球后再回传给队员"A"。

图2

第四单元

练习4　队员站位和抢截战术　　　15分钟

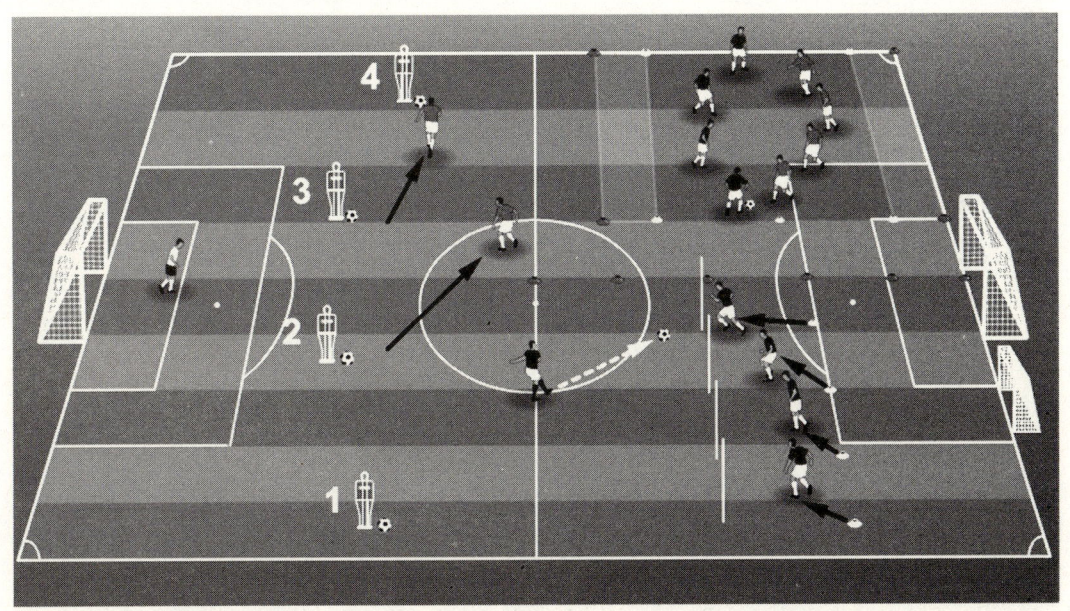

一、训练目标

在无球状态下提高正确站位的整体战术能力，以及抢断球后的快速反击进攻（4-4-2阵型）。

二、组织方法

1. A组（前锋）

前锋的任务是逼抢和进攻，场地里设置4个假人（防守队员），编号为1～4并且身旁都有一个球。

教练员喊出号码后，前锋队员移动到能够对假人施加压力的合适位置，当教练员喊出"比赛开始"后，前锋队员逼近目标假人，得到假人身旁的球后完成射门。

2. B组（前卫）

如上图所示，在一块小场地里，4名红色队服的前卫队员对抗4名绿色队服的前卫队员。绿队由左向右进攻，模拟一次组织进攻，红队站位并且准备反击。

当教练员喊出"比赛开始"，即形成4对4对抗。如果球队能将球停在得分区域里即得分。当进攻结束后，双方交换练习，红队控球、绿队站位并准备进攻。

3. C组（后卫）

4名后卫站在自己的出发标志物处，距离标志杆约7码，教练员向任意方向传地滚球。

最近的队员跑向球，其他3名后卫落位到合适的位置。

后卫控制球后，教练员要求其他队员原地不动并纠正防守线的位置，站位、接应以及身体姿态。

教练员可以将球踢向空中，变换防守的比赛场景。

3组训练安排的整体直观图（下图）

4. "比赛"

教练员叫停比赛并纠正防守线的位置。

站位、接应以及身体姿态。

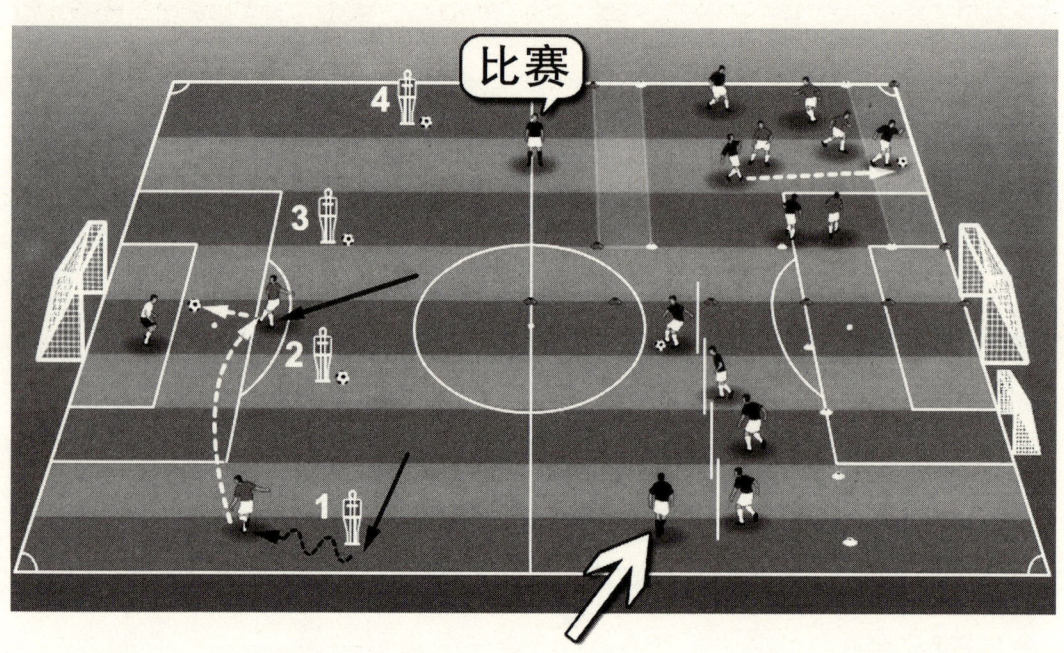

练习5 真实比赛情景：2对1练习

15分钟

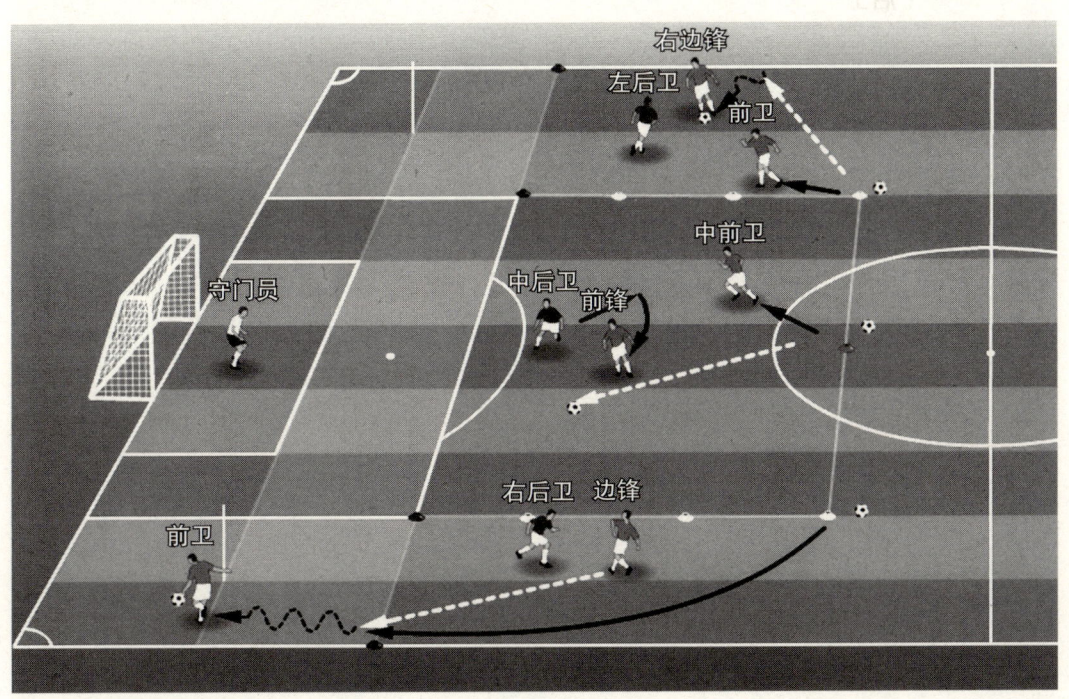

一、训练目标

在进攻三区中再现真实比赛场景。

二、组织方法

1. 中路区域

2对1比赛中，中前卫和前锋进攻，一名中后卫进行防守。比赛从中前卫将球传给背对球门的前锋开始，前锋和前卫队员的目标是突破中后卫的防守，越过18码线后在无防守的情况下进行射门。

2. 左右边路

右后卫防守左边锋和前卫。比赛从前卫将球传给边锋开始，边锋的目的是通过交叉跑动或者个人突破对手，超越18码线将球传给守门员。

三、训练要点

（1）前锋和边锋必须通过反跑创造空间以利于接球。

（2）接应角度，跑动时机和呼应对于第三名队员及交叉跑动而言非常重要。

练习6　小场地比赛：快速传接　　　20分钟

一、训练目标

通过小场地比赛提高队员的快速传接球能力。

二、组织方法

根据队员人数设置尽可能小的场地，目的是压缩空间和促使队员快速传接。

三、训练要点

（1）鼓励队员快速思考和传接。

（2）纠正队员的身体姿态（半转身、身体面向球场）和站位，这对于确定下一个传球方向非常重要。

（3）如果被防守队员严密盯防，进攻队员需要创造空间以摆脱防守队员。

第五单元

练习1　热身：心理动力训练（快速思考和行动）

练习2　传球练习中的体能训练

练习3　正确的传球时机

练习4　整体战术：控球和防守

练习5　小场地比赛：4对2和6对4对抗

练习6　小场地比赛：心理动力训练（快速思考和行动）

练习1　热身：心理动力训练（快速思考和行动）　　10分钟

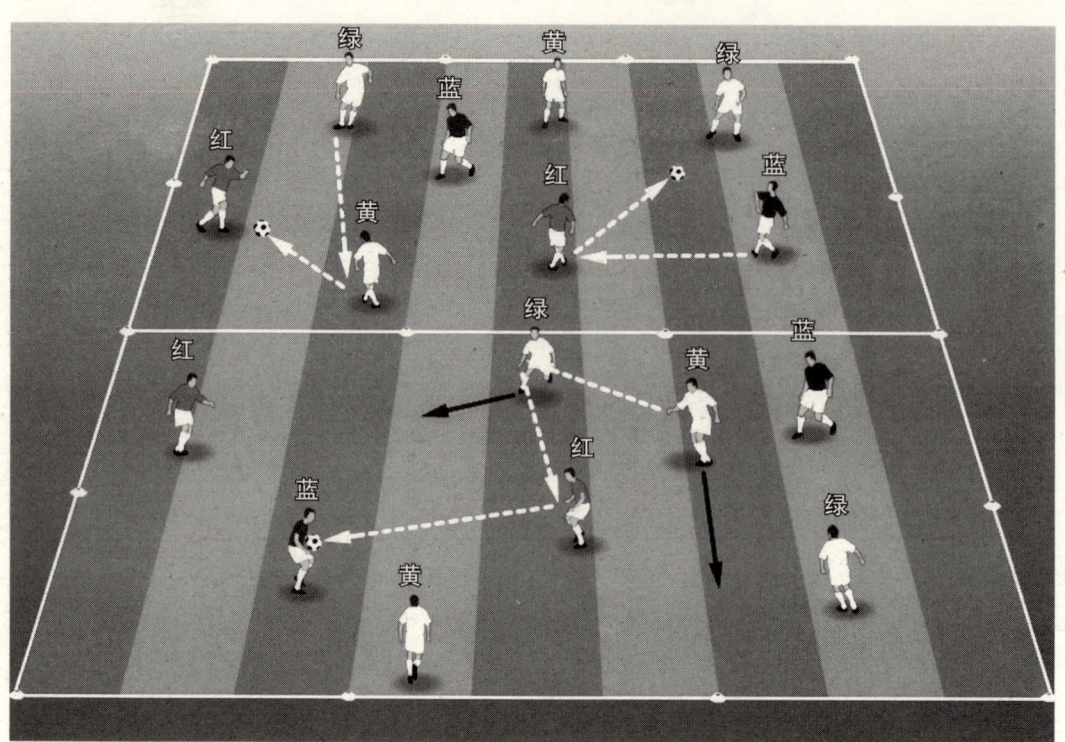

一、训练目标

通过心理动力训练提高队员快速思考和行动的能力。

二、组织方法

球队分为两组，每组8人。每组在各自区域内进行练习。8名队员通过不同颜色的训练服或训练背心进行区分（2蓝、2红、2绿、2黄）。

队员用手传接球（抛球和接球），当教练员发出如下口令时，队员尽力按照教练员的口令重复练习：

（1）传球——说出接球队员衣服的颜色。

（2）传球——说出接球队员衣服的颜色（传两个球）。

（3）传球——说出一个不同于接球队员衣服颜色的颜色。

（4）传球——说出接球队员颜色。接球队员必须传给与传球队员衣服颜色相同的另外一名队员。

（5）传球——说出与接球队员衣服颜色不同的两种颜色。

（6）进一步发展为用脚传球来完成上面的练习，如图中上方一组所做的练习。

第五单元

练习2　传球练习中的体能训练　　　　　　　　15分钟

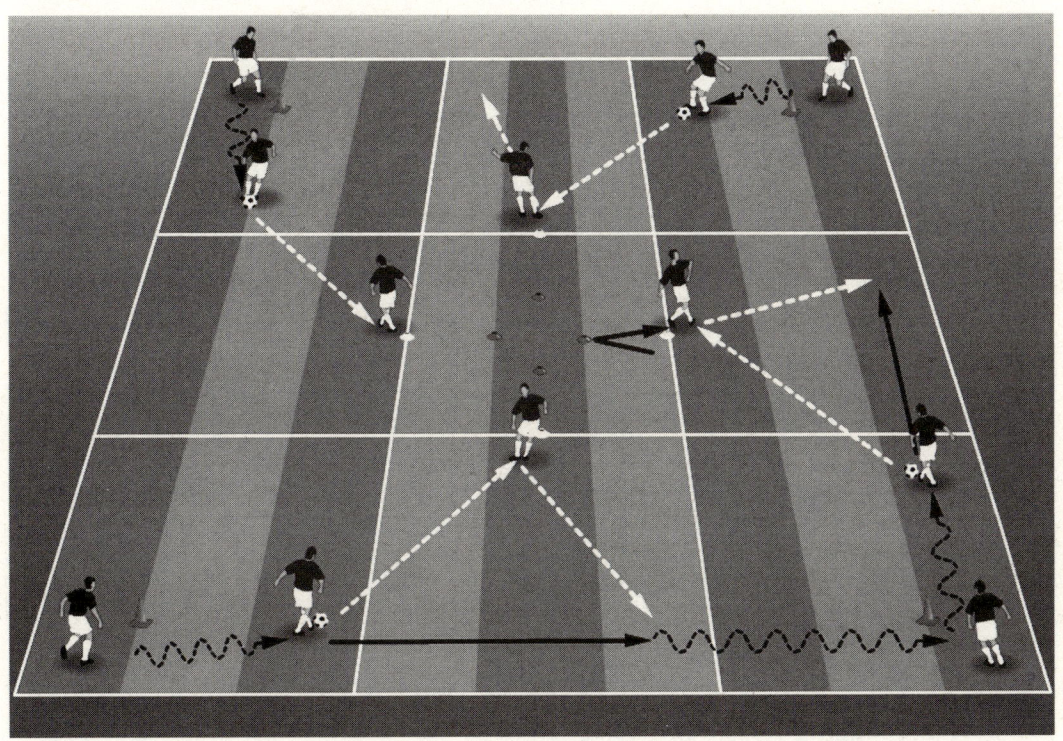

一、训练目标

通过传球练习提高队员的技能和体能水平。

二、组织方法

在一个30码×30码的场地中，4名中场队员在场地中央不断地移动。在跑回红色标志物之前，中场队员跑动上前接边路队员传球，并且和边路带球队员做"二过一"配合，然后跑回标志物后进行下一次练习。

每个队员都要以最大速度在边线处带球跑30码。

同时使用4个球，可以使等待练习的队员在接球前有充分的恢复时间。

每5分钟换一批场地中央的中场队员。

第五单元

练习3　正确的传球时机　　　　　20分钟

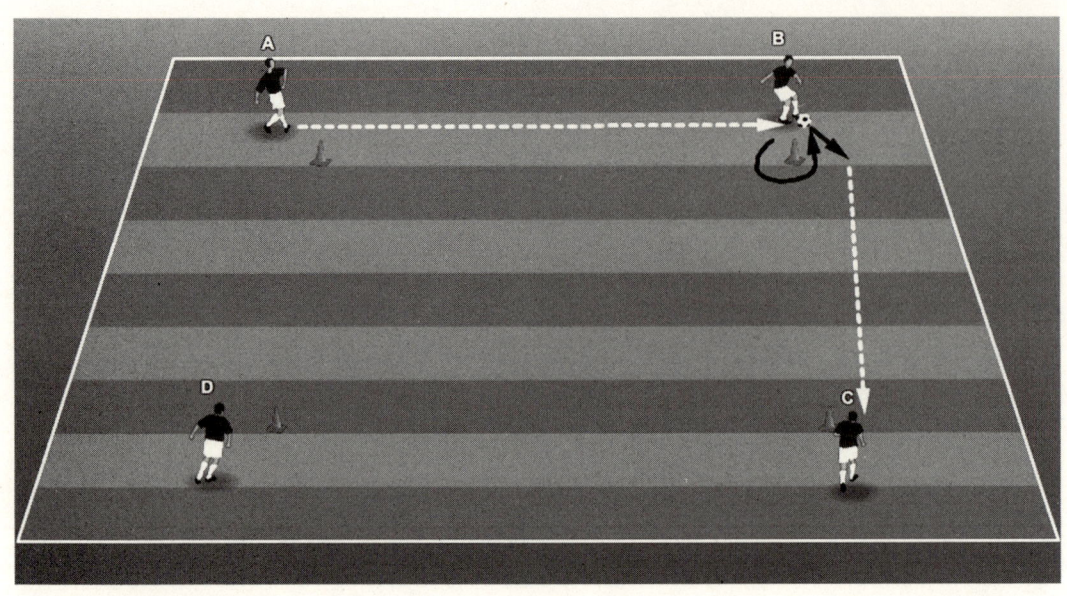

一、训练目标

提高队员把握正确传球时机的能力。

二、组织方法

在足球比赛中，非常重要的一点是在适当的时间和位置传球。我们将从如下几个方面进行训练：

4名队员先站在场地的4角，与标志桶相距1码。传球必须在标志桶外以循环的方式进行。接球队员接球前必须沿逆时针方向绕标志桶跑动，然后将球传给下一个同伴。

三、训练要点

（1）这种训练的重要之处在于所有队员都要计算好时间，在恰当的时间绕标志桶跑动。如果队员的跑动时机有所延迟，他们就接不到球，如果他们提前跑动，则会等球传过来，这样就没有把握好正确的时机。

（2）当绕标志桶跑动的时候，保持身体面向球场，这样既能看见球，也能看见队员。

（3）还需要注意的是，队员要用后脚（远离球的脚）接球，这样就可自然而然地处于半转身的姿势。

练习4　整体战术：控球和防守

15分钟

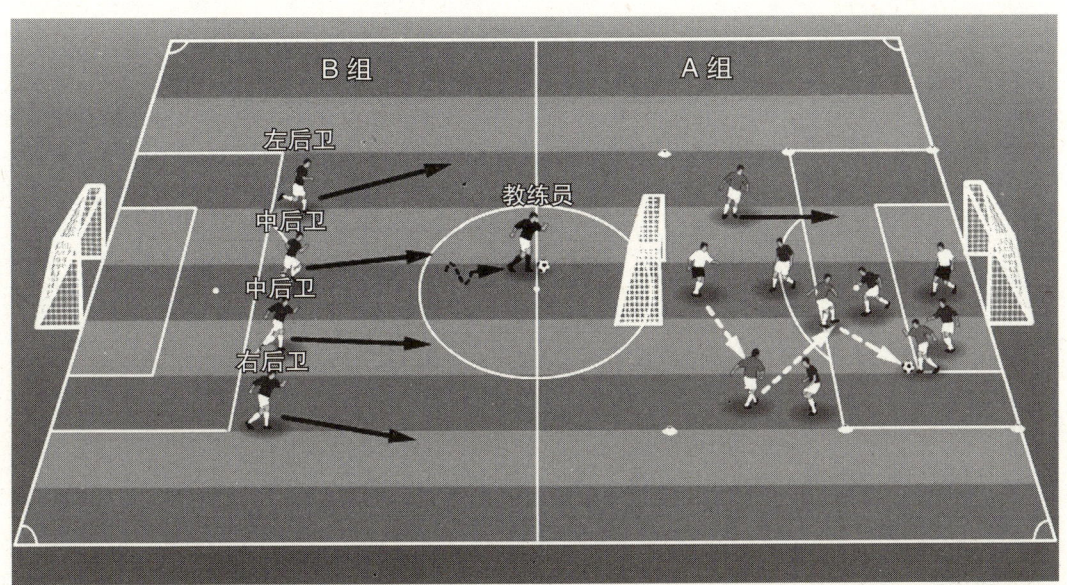

一、训练目标

提高球队整体控球和防守战术能力。

二、组织方法

1. A组（前锋-前卫组）：

小场地4对4比赛。

目的是提高控球能力。控球一方只能在4次或以上连续传球后才能得分。

变换练习：

● 调整比赛规则为最多两次触球。

● 所有的传球必须是地面球，如果球的高度超过膝关节，双方交换球权。

2. B组（后卫组）

后卫队员位于防守线处"弹性防守"，所有队员根据教练员运球方向的变化而变化：

（1）如果教练员向前运球，防守线快速后撤。

（2）如果教练员运球向反方向跑动（如图所示），防守线向前推进。

（3）如果教练员运球向两侧移动（向左或向右），防守线保持紧凑。

三、训练要点

（1）4对4：面向球场站位，创造空间和角度，积极接应。

（2）后卫：小步跑动，交流呼应非常重要。

练习5　小场地比赛：4对2和6对4对抗

15分钟

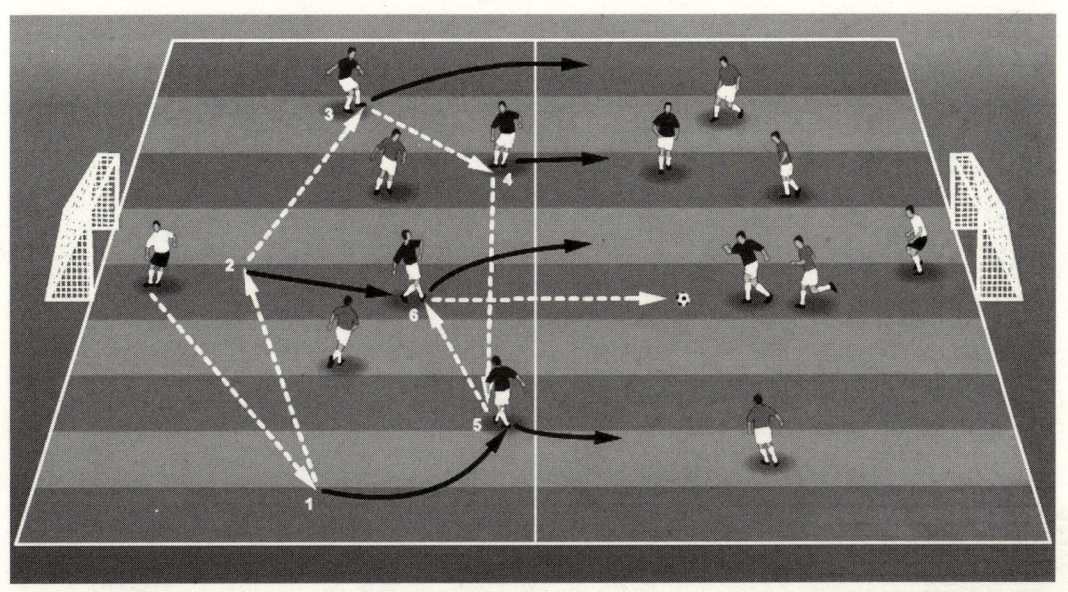

一、训练目标

通过小场地比赛提高队员的控球能力。

二、组织方法

在一块小场地中，左半场先进行4对2比赛。如果4名队员连续进行5次或5次以上的传球（无压力）就可以进入右半场，这4名进攻队员与右半场的另外两名同队队员以及4名防守队员进行6对4比赛，这6名队员的目的是射门得分，另外4名防守队员的目标是保护球门。

如果左半场的4名队员连续传球未达5次，右半场的队员则开始控球，并进行同样形式的4对2比赛。

变换练习：

（1）无触球限制。

（2）两脚触球。

（3）4名防守队员可以平行或菱形站位。

三、训练要点

（1）面向球场站位：这样就能看清所有队员的情况。

（2）创造空间：以一定的角度跑动利于接应。

（3）给球队灌输这样的理念：保持控球、寻找合适的射门时机。

练习6　小场地比赛：心理动力训练（快速思考和行动）　15分钟

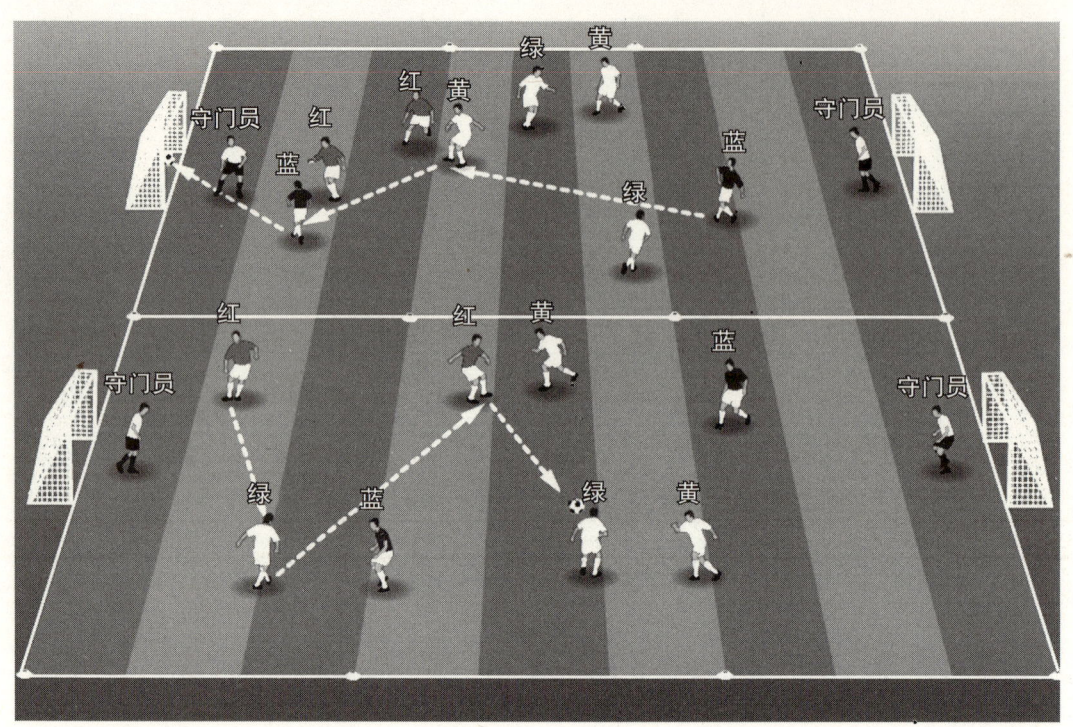

一、训练目标

通过心理动力训练提高队员快速思考和行动的能力。

二、组织方法

球队分为两组，每组8名队员，其中一组各4名队员分别身穿红色和绿色标志服，另外一组各4名队员分别身穿蓝色和黄色标志服，每组出4名队员（每种颜色各2名队员）进行比赛，比赛的时候守门员随机选择。

比赛中队员只能将球传给同队不同色的队员，例如身穿红色标志服的队员只能传给身穿绿色标志服的队员。

三、训练要点

（1）鼓励队员接球之前快速思考做出反应，正确选择将球传给正确颜色的队员。

（2）正确的身体姿态（半转身）和站位，对于确定下一个传球方向非常重要。

第六单元

练习1　热身：心理动力训练（快速思考和行动）

练习2　爆发力和体能

练习3　正确时机传球练习

练习4　压迫和保护位置的整体战术

练习5　心理动力控球训练：动态比赛

练习6　心理动力控球训练：使用3种颜色

练习1 热身：心理动力训练（快速思考和行动）　　15分钟

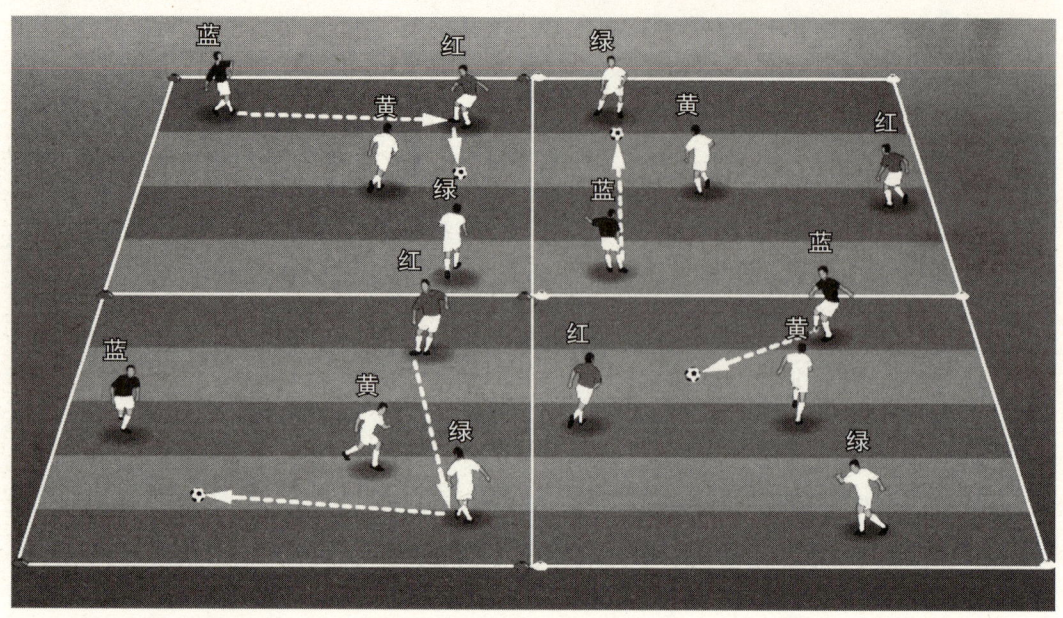

一、训练目标

通过心理动力训练提高队员快速思考和行动的能力。

二、组织方法

每组4名队员，身穿不同颜色的训练服，在一块10码×10码的场地内进行比赛。

比赛之初，队员相互传球，并且说出接球队员衣服的颜色，当教练员喊出一种颜色，如图所示"黄色"：队员开始进行3对1比赛，身穿黄色训练服的队员抢球，当该队员触到球后，比赛重新开始。

三、训练要点

（1）创造空间以便找到合适的接球位置。
（2）身体姿态和接应的角度以及判断下一次传球。
（3）要求队员尽可能最多两脚触球。
（4）减少第一次（接球）和第二次触球（传球）的时间间隔。

第六单元

练习2　爆发力和体能　　　　　　　　　　　　　20分钟

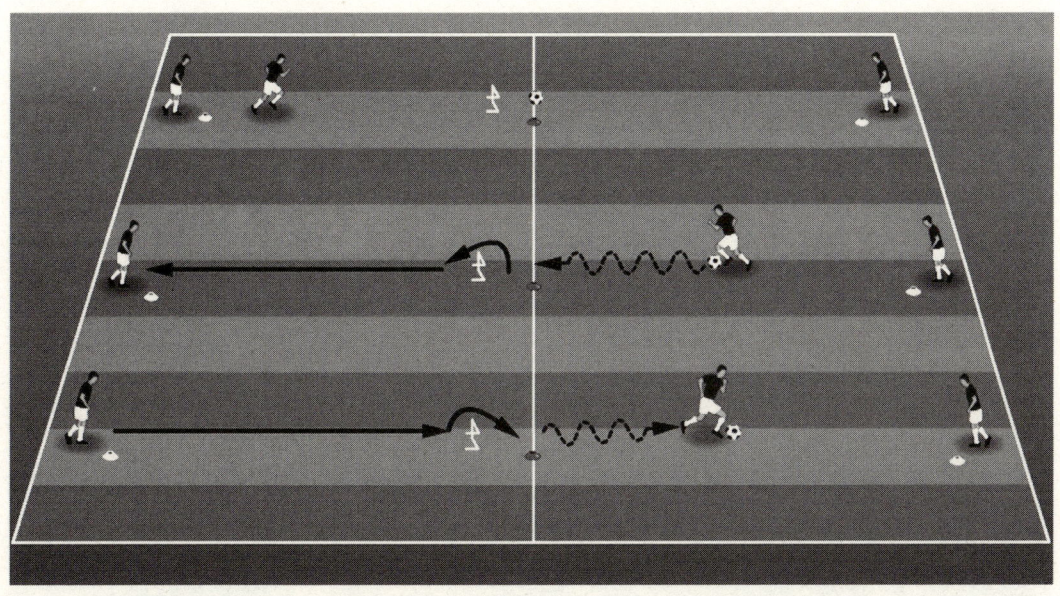

一、训练目标

提高队员的爆发力和体能水平。

二、组织方法

将队员分成3组，每组3人（如果人数不够可以将一组人数增加为4名）。每组2名队员在一端，另外一名队员在距离50码的另一端。球位于正中央（25码），距球2码处有一个栏架。

1.左侧队员

（1）听到教练员口令后，冲刺跑向栏架（23码）。

（2）到达栏架处后跳过栏架（2码）。

（3）越过栏架后控制球，并带球跑向另外一端（25码）。

2.右侧队员

（1）位于右侧的队员接到左侧队员的球后，带球跑向中间区域（25码）。

（2）在场地中央处将球停住，然后跳过栏架（2码）。

（3）跳过栏架后冲刺跑向左侧（23码）。

6组×4次。

5分钟：拉伸。

练习3　正确时机传球练习　　　　　15分钟

一、训练目标

提高队员选择正确时机传球的能力。

二、组织方法

中场队员（A）向中场队员（B）传球，B在接球前，先后撤到红色标志杆处，然后迎球跑动接球，接球后再传球给之前绕标志桶跑动的边锋C，C接球后再传球给绕过标志杆的前锋D，D接球后完成射门。所有队员呈逆时针方向轮转。

这个练习的重点是所有队员都要具备在适当时机敏捷协调的移动能力，以此提高队员的综合战术能力。

通过完成这个技术循环练习，所有的后卫队员能够提高控球能力。

三、训练要点

所有队员都要分析所有同伴的场上运动，抓住准确的时机来完成跑动/移动。

第六单元

练习4　压迫和保护位置的整体战术　　20分钟

一、训练目标

提高球队压迫和站位的整体战术（4-4-2对4-4-2）。

二、组织方法

队员以4-4-2阵型排列。在场地中有10个假人（也可以用大的标志桶）模仿对手（也按4-4-2阵型排列）。

所有的假人以1～10标号，教练员随机喊出一个假人的号码，然后10名队员组成的一方进行整体移动，模仿标准比赛场地三个区域的防守位置。

变换练习

（1）教练员向场地传入一个球，作为一个突发情况介入，这个情况可以提高整支球队反击及射门的综合能力。

（2）教练员也可以移动假人模拟不同情况下的比赛状况：

● 如果教练员移动假人使之靠近本队的罚球区，可以模拟对手压迫的场景。

● 如果教练员移动假人靠近对手的罚球区，就可以模拟压迫/逼近对手的场景。

三、训练要点

（1）鼓励队员集中注意力，以免出现不正确的站位。

（2）避免过于逼近对手，从而出现双脚平行站位。

练习5　心理动力控球训练：动态比赛

15分钟

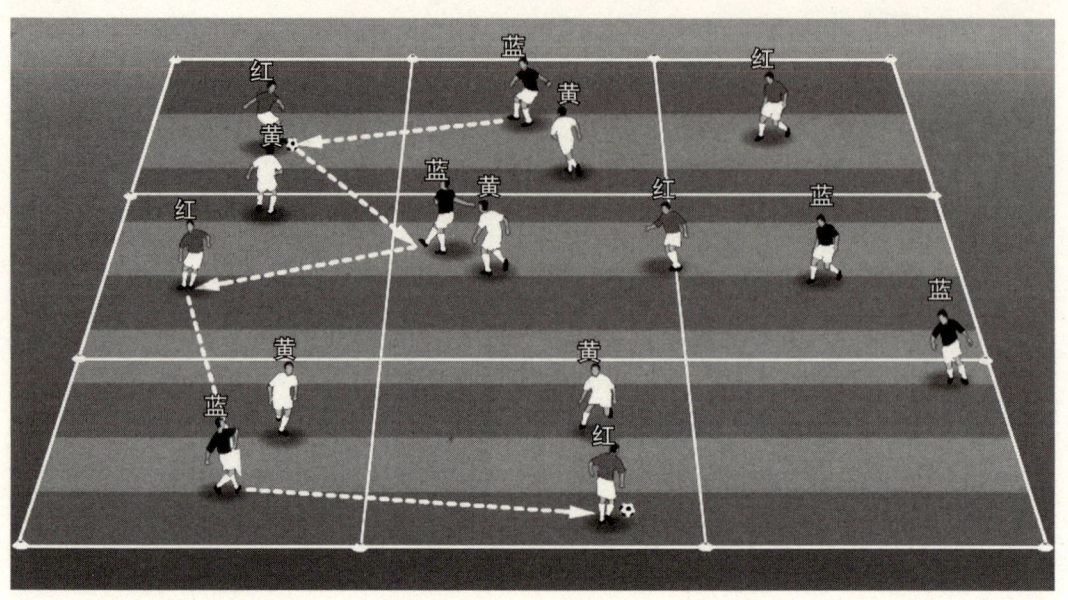

一、训练目标

通过动态比赛中的心理动力训练提高队员的控球能力。

二、组织方法

在30码×30码的场地中，将球队分成三种不同颜色的小组。在这种动态控球训练时，两种颜色的小组对另外一种颜色的小组。例如，如果蓝队失去控球机会，红队和黄队成为队友，一起对抗蓝队，蓝队的目的是抢断球。

作为教练员，应该严格要求队员最多只能两次触球。

三、训练要点

1. 面向球场站位，以便于观察场上的所有情况。
2. 快速传接球（最多两次触球），作为队员的超水平要求。
3. 如果需要的话，创造更多的空间摆脱防守。

第六单元

练习6　心理动力控球训练：使用3种颜色　　　15分钟

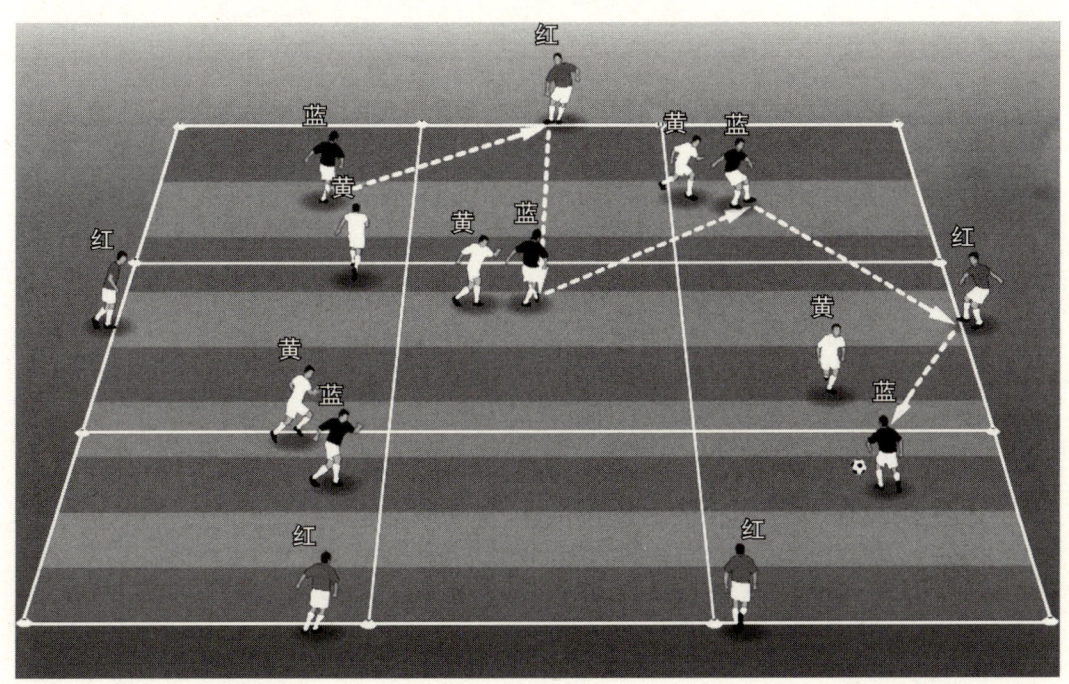

一、训练目标

通过动态比赛中的心理动力训练提高队员的控球能力。

二、组织方法

同练习5一样的场地和队伍，比赛安排如下：

以一种颜色的队伍为例，如红队站在边线上，作为场中控球一方的支援，最多两次触球。在场地里有两种不同颜色的队伍：蓝队和黄队。一种颜色的球队控球并且尽量保持控球，他们可以和场边的红队协作，另外一种颜色的球队（例如黄队）尽力抢回控球权。每3~4分钟变换一次边线处的支援队伍。

变换练习
- 场中比赛的队员无触球次数限制。
- 场中比赛队员只能两次触球。
- 除了场地中央的中场队员外，其他队员最多两次触球。
- 所有队员必须一脚触球。

第七单元

练习1　热身：小场地头顶球比赛

练习2　足球专项耐力

练习3　技术训练：横传球、抢点射门和传球

练习4　位置技术训练：横传球和射门

练习5　整体战术：由后场组织发起的进攻

练习6　小场地比赛：交叉跑动配合

第七单元

练习1　热身：小场地头顶球比赛　　　20分钟

一、训练目标

在热身活动中提高队员的头顶球及控球能力。

二、组织方法

在25码×15码的场地中，安排3支球队，每队6人，另外还有两名守门员（根据球队的人数安排）。两队在场区内进行比赛，另外一队在场区外接应。

有两种不同形式的比赛：

（1）8分钟：手球比赛，只能用头顶球得分。场外接应的队员只能用头。

（2）8分钟：所有球队只能用头顶球比赛（开球时用手）。如果球落地则交换球权。

5分钟拉伸。

三、训练要点

（1）场地内的球员要不断地跑动。

（2）通过反跑创造空间以摆脱防守队员。

练习2　足球专项耐力

15分钟

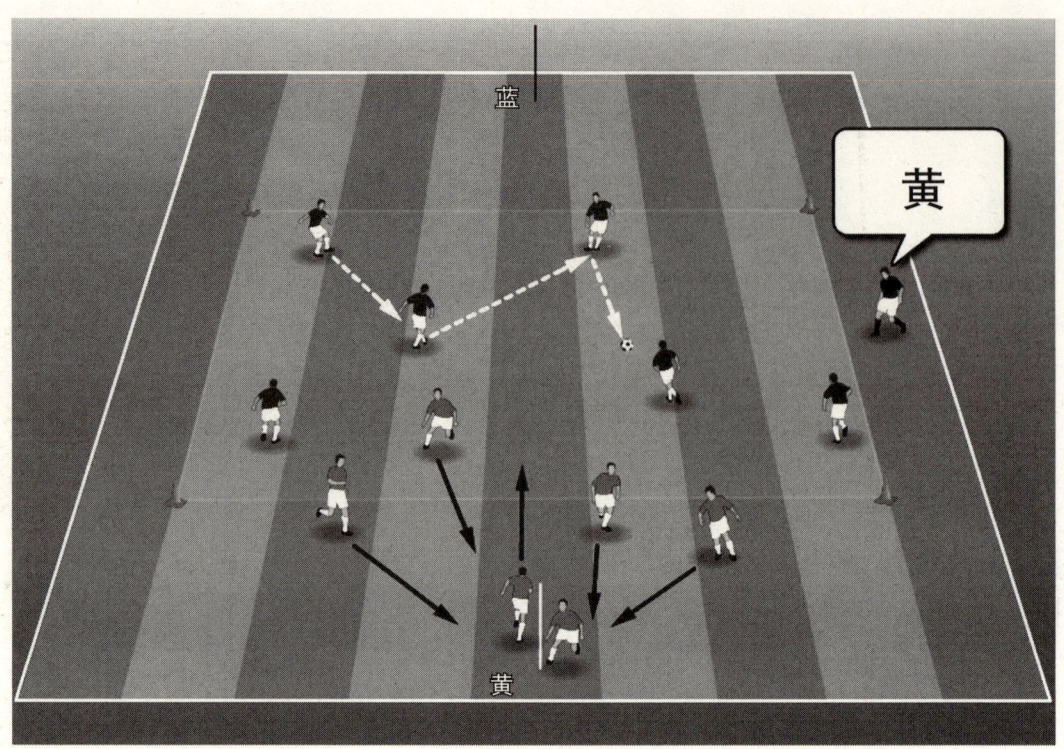

一、训练目标

通过传球技术练习提高足球专项耐力。

二、组织方法

（1）5分钟：在25码×25码的场地中，两队（蓝队和黄队）互相传球，当教练员喊出一队的颜色时（如黄队），该队的队员必须立刻跑向标志杆，并摸一下标志杆后跑回到场地内，然后抢截球。

与此同时，蓝队队员在场地内继续传球，如果在黄队最后一名队员回到场内之前传球次数达到10次就得1分。每30秒钟教练员喊一次。

（2）2分钟：恢复。

（3）5分钟：结合球的间歇训练，45秒钟慢速运球——15秒钟快速带球跑。

第七单元

练习3　技术训练：横传球、抢点射门和传球　　15分钟

一、训练目标

提高队员横传球、射门及传球技术能力。

二、组织方法

1. A组（左/右后卫、边锋和前锋）

在这个练习中，着重提高队员横传球技术及罚球区内的跑位。左/右后卫和边锋轮流将球横传到罚球区内，前锋通过战术跑动（如交叉跑动）完成抢点射门。为了提高边锋的传中能力，教练员可以做出以下变化：

- 晃过假人或标志物后横传。
- 踢墙式配合后横传。
- 交叉跑动后横传。
- 尝试由比赛停止时开始，如任意球。

2. B组（中后卫或中场球员）

在这个练习中，每次传球都改变两名队员之间的距离，以此提高队员双脚的长传球能力。在实际训练中，队员传球后跑到下一个标志桶旁边准备接队友的长传球。

三、训练要点

（1）横传球变化：快速有力、柔和、地滚球，以及前后门柱。

（2）两名前锋在接传中抢点射门时必须保证跑动时机合适。前锋必须确保起动不能过早，应该恰好在边路队员将要传中时起动，这样可以避免球传到他们身后。

（3）两名前锋需要进行沟通，决定谁去跑前点和后点，以及是否进行交叉跑位。

（4）队员传球：要保证传球质量和变化，例如低平球（低和快）、高空球（高且慢）。

练习4　位置技术训练：横传球和射门　　20分钟

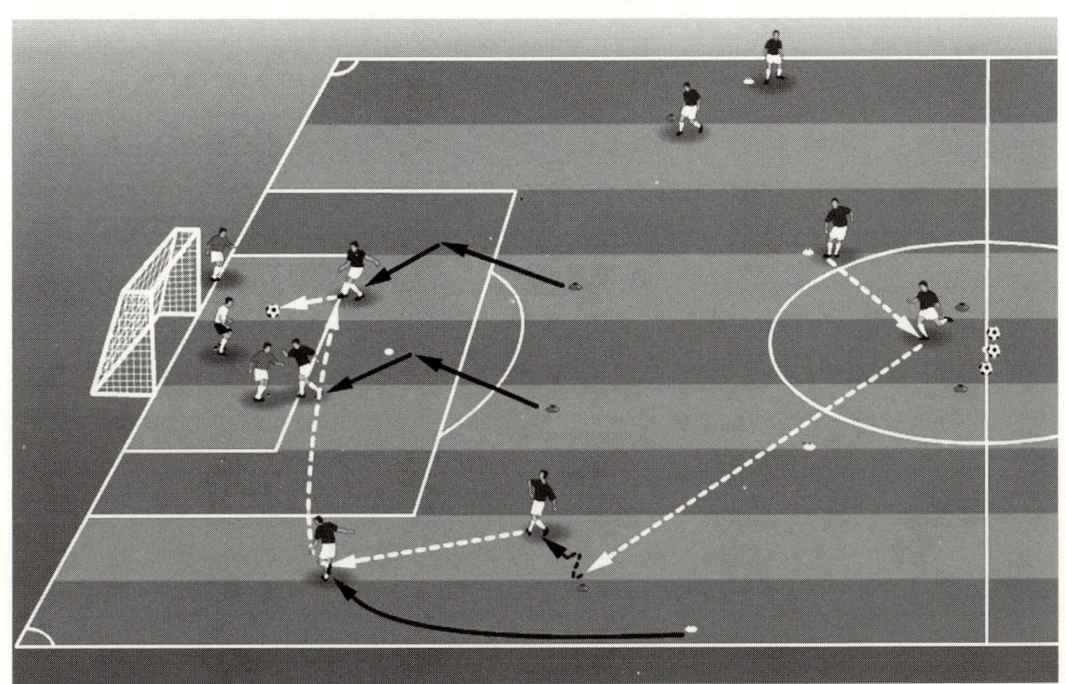

一、训练目标

提高队员下底传中、门前抢点射门、传球，以及进攻跑位的能力。

二、组织方法

训练安排同练习3，只是增加了两名中后卫。两名中场队员位于中线附近，其中一名队员以一定角度将球传给另一名队员，该队员接球后将球传给后卫或边锋，后卫或边锋接球后将球传给在罚球区内交叉换位的其他后卫或边锋。

不同的训练变化：

（1）10分钟：两名前锋队员面对一名中后卫，后卫紧盯其中一名前锋，下底传中时将球传给无人盯防的前锋。

（2）10分钟：在罚球区内进行2对2，在这种情况下，在罚球区内人盯人防守。

教练员可以变换练习：
- 两名后卫可以站在罚球区内的中央。
- 两名后卫可以和前锋队员站在同一条线上。
- 一名后卫站在近门柱附近，另一名站在远门柱。

中前卫的设置对一支球队的训练至关重要。

在稳定的控制球以后，一个高质量的下底传中需要中场队员能够用双脚将球准确地长传到前场两侧区域。

中前卫的变换传球方式：
- 地滚球。
- 半高球。
- 高空球。

三、训练要点

（1）如果中场队员接到来自于右侧中场队员的传球，并且要将球斜长传到左侧，应该用左脚接球。如果接到来自于左侧的传球，并且要将球斜长传到右侧，应该用右脚接球。这样传接球可以保证中场队员面对将要传球的方向。

需要注意的是，无论向左侧还是右侧的空当区域传球，中场队员都可以任意使用一脚进行传球，但重要的是使用哪侧脚进行接球。

（2）后卫和边锋应该在接斜长传球之前积极地创造空间，拉开空当。

（3）后卫和边锋接到斜长传球后，在传给交叉跑位的后卫和边锋之前，将球控制在身体内侧以制造空间。

（4）传中球——建议变换：力量大且速度快、柔和、地滚球，以及近门柱和远门柱。

（5）两名前锋在接传中球抢点射门时必须保证跑动时机合适。前锋必须确保起动不能过早，应该恰好在边路队员将要传中时起动，这样可以避免球传到他们身后。

（6）两名前锋需要进行沟通，决定谁去跑前点和后点，以及是否进行交叉跑位。

提高训练

第一名中场队员将球传给第二名中场队员后，可以跑到罚球区边缘附近，作为第三个传中选择。

第七单元

练习5　整体战术：由后场组织发起的进攻　　20分钟

一、训练目标

提高队员从后场开始组织进攻的整体战术能力。

二、组织方法

进攻组织者为守门员和后卫队员。教练员应该通过改变进攻方式提高球队从罚球区到中线的组织进攻能力。

当所有的组织进攻方式熟练后，教练员可以加入一些对手（如2~3名前锋）和一些新的队友（1~2名中场球员）形成6对2。

球队中的其他队员在一块小场地内进行无限制的比赛。

三、训练要点

（1）守门员一旦得球，后卫应该创造更多的空间，选择合理的身体姿势保证更开阔的视野。后卫的跑动路线应该是弧线，这样可以创造更多的空间以便守门员可以更容易的传球。

（2）第一位也是最基本的变化：当一名后卫接球转身时，其他3名后卫必须后撤到持球队员身后。

（3）所有队员必须使用远离传球队员的脚接球，这样可以使队员面向将要传球的方向。

练习6　小场地比赛：交叉跑动配合　　15分钟

一、训练目标

通过小场地比赛提高队员交叉跑动配合的能力。

二、组织方法

在半场区域两侧，用标志物标记出两块长方形区域，在此区域内双方各有一名队员，这两名队员不能抢截其他队员的球，如果场地中央的一名队员将球传给一侧长方形区域里的本方队员，传球队员与长方形区域内的队员交叉跑动，接长方形区域内队员的传球后下底传中给本方队友，如果进球可得3分。

变换练习
- 必须先将球传给长方形区域里的队员才可以射门。
- 必须先有交叉跑动才能射门。
- 球队进球得分后，继续控制球权，并且进攻另一侧的球门。

三、训练要点

（1）在比赛中选择合适的交叉跑动时机。
（2）交叉跑动必须调整好时机，应该和两侧长方形区域的队员交流传球时机。
（3）在接传中球射门前，前锋队员在罚球区内设法重复所有正确的移动方式。

第八单元

练习1 　热身：头顶球技术、控制和平衡
练习2 　1对1时的爆发力练习
练习3 　两人配合头顶球技术练习
练习4 　进攻头顶球练习
练习5 　整体战术：由后场组织发起的进攻
练习6 　小场地比赛：进攻组织

练习1　热身：头顶球技术、控制和平衡　　　15分钟

一、训练目标

在热身活动中提高队员头顶球技术、身体控制及平衡能力。

二、组织方法

两人一球，并且分别将两名队员命名为队员"A"和"B"，所有队员都进行以下几种练习：

- 队员"A"头顶球4次，然后将球传给队员"B"，进行同样的练习。
- 练习同上，但是队员坐在地上进行头顶球练习。
- 队员"A"头顶球一次、队员"B"头顶球两次。
- 两名队员用头互相传球并且每人只允许头顶球一次。
- 两名队员用头互相传球并且每人头顶球两次。

在练习期间，教练员任意喊出"A"或"B"，这时被喊到的队员必须立刻绕标志杆跑动，然后再回到初始位置。

在绕标志杆跑动时，教练员可以要求队员以如下方式完成练习：

- 向前慢跑/冲刺跑、向后和侧向跑动。
- 跳跃、高抬腿和后踢腿。

分别在5、10和15分钟后拉伸。

第八单元

练习2　1对1时的爆发力练习　　15分钟

图1

一、训练目标

提高1对1情况下的爆发力。

二、组织方法

队员在10码×15码的区域里进行1对1对抗练习（图1）。

当教练员喊出队员的号码时（例如"2"），被喊到的队员从各自的底线快跑15～20码到达场地中央有球的进攻区域。

首先控制球的队员的目标是突破对手并且射小球门得分。

只要是球出边界或者一方得分，球员必须将球放回进攻区域的中间为下一组球员做准备。

在运动员进行1对1之前，需要完成以下练习：

- 三组蹲跳：在10次起跳之前需保持6秒的下蹲姿势。
- 4个中高栏架跳跃练习：重复5次（图2）。
- 4个高栏架跳跃练习：重复5次（图2）。
- 10米跨步跳。

栏架跳训练线路如图2所示。

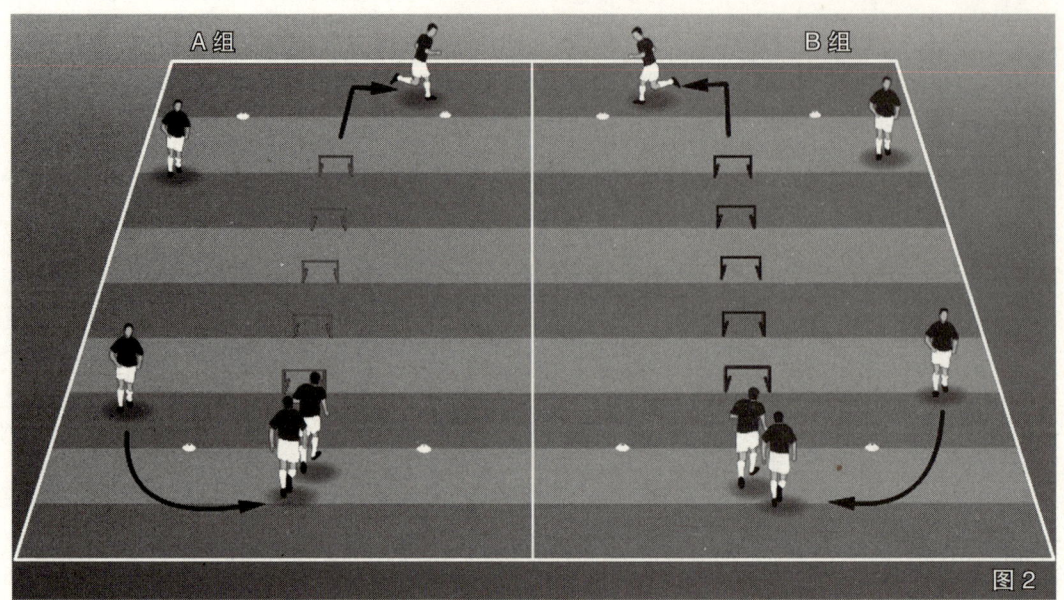

图2

三、组织方法

将队员分成两组。

1. A组

队员在中高栏架后面站成一排,双脚起跳依次通过栏架后向右侧慢跑,排到右侧高栏架组的最后。

2. B组

队员在高栏架后面站成一排,双脚起跳依次通过栏架后向左侧慢跑,排到左侧中高栏架组的最后。

两组队员都要完成5组不同高度栏架的跳跃练习。

第八单元

练习3　两人配合头顶球技术练习

15分钟

一、训练目标

提高队员头顶球技术能力。

二、组织方法

两人一球，并且将两名队员分别命名为队员"A"和队员"B"。所有队员进行以下练习：

- 30个头顶球——原地。
- 30个头顶球——双脚同时起跳。
- 30个头顶球——向左跳和向右跳（模拟钟摆）。
- 30个头顶球——前后分腿站立。
- 30个头顶球——面向来球方向跑动。

三、训练要点

（1）双臂合理摆动（触球前、触球时、触球后）。

（2）在触球之前控制好起跳（使用正确的起跳腿）。

（3）触球之前选择合理的跑动方式。

练习4　进攻头顶球练习

15分钟

一、训练目标

提高队员罚球区内的进攻头顶球能力。

二、组织方法

在罚球区内，8名队员进行4对4人盯人比赛。

其他队员在罚球区外从两侧依次传中，用头顶球进球的队伍得2分、凌空射门进球得1分。

7分钟后交换位置。

三、训练要点

1. 进攻

（1）预判来球落点，选择合理的跑动时机，保证球在身前而不是身后。

（2）尽力摆脱防守队员，例如，假装跑向近门柱，及时后撤移动到远门柱或者球门中间位置。

2. 防守

（1）选择合适的位置以便于防守进攻队员起动（一般站在前锋和球门之间）。

（2）比赛中在罚球区内进行人盯人防守（5次练习后改变盯人对象）。

第八单元

练习5　整体战术：由后场组织发起的进攻　　20分钟

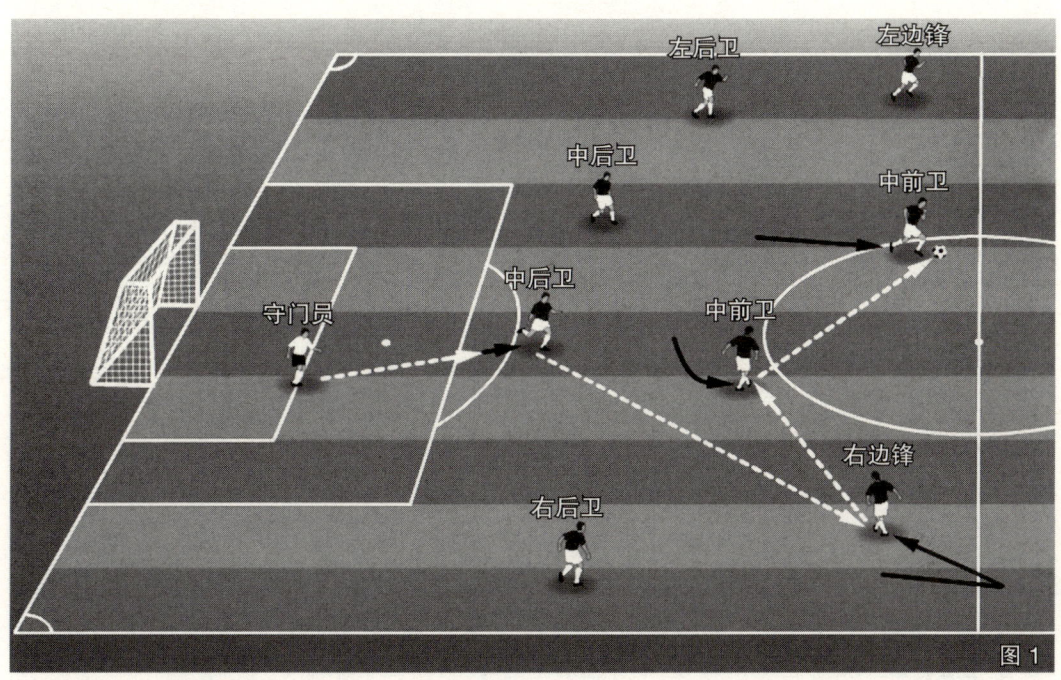

图1

一、训练目标

提高队员由后场组织发起进攻的战术能力。

二、组织方法

这个练习是第七单元中练习5的一个提高。在这个训练中共有4名后卫（后卫线）和4名中场队员（中场线）。

教练员要求队员通过不同的进攻组织路线，达到将进攻推进到中线的组织能力。

【示例一】

守门员将球传给中后卫，中后卫再将球传到创造空间后回撤接球的右边锋跑动路线上。

边锋一次触球将球直接传给距自己最近的中前卫，当一名中前卫将球传递给另外一名中前卫后，此次进攻组织传递结束（图1）。

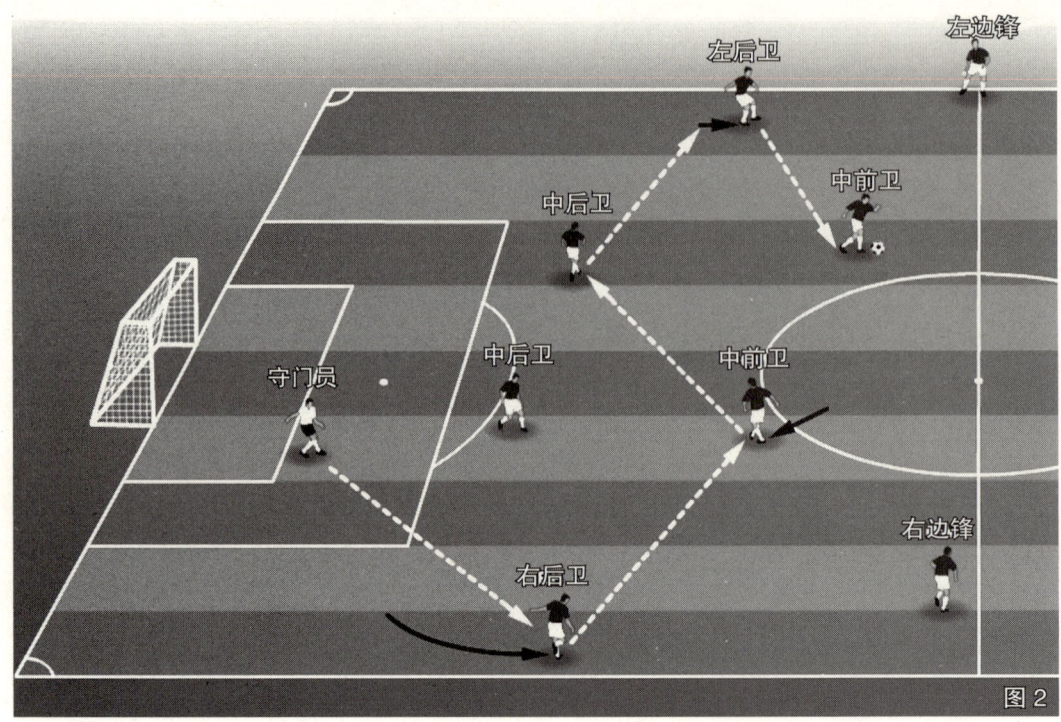

图2

【示例二】

守门员将球传给右后卫,右后卫接球后将球传给靠右侧的中前卫,紧接着中前卫将球传给左中后卫。

左中后卫观察左后卫的跑动,并将球传给他,当接到球后,左后卫将球传给面向中线的中前卫(图2)。

三、训练要点

(1)预判来球的落点,选择合理的跑动时机,保证球在身前而不是身后。

(2)尽力摆脱防守队员,例如,假装跑向近处后及时后撤移动到远处或者中间位置。

第八单元

练习6　小场地比赛：进攻组织　　　　　　　20分钟

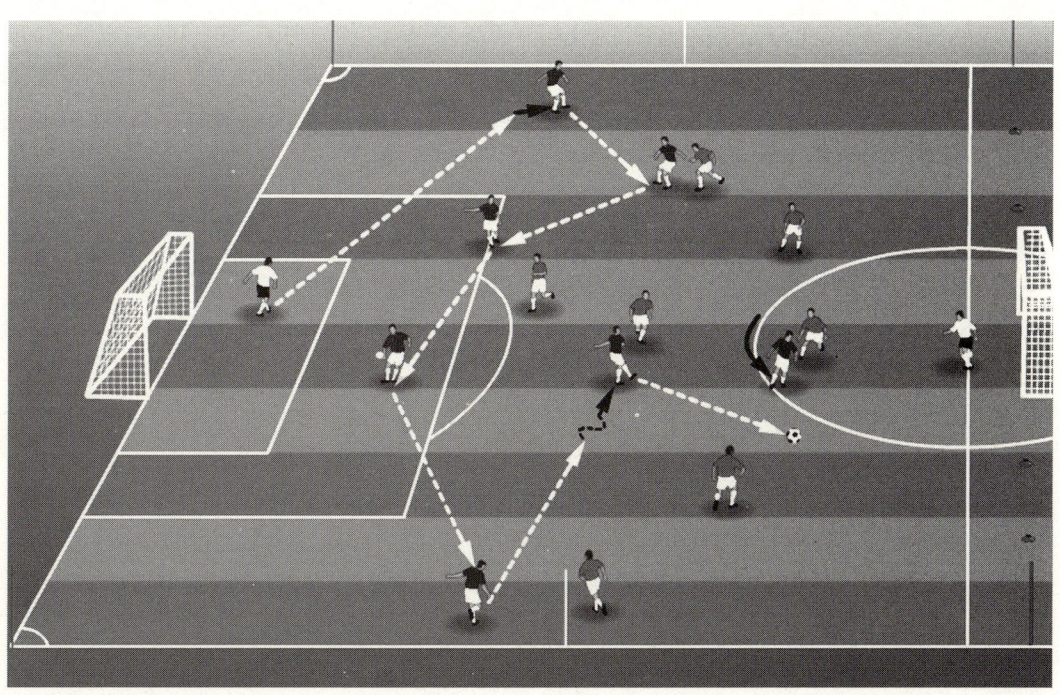

一、训练目标

提高队员由后场组织发起进攻的整体战术能力。

二、组织方法

每两分钟，教练员要求队员尝试一些进攻组合练习，例如，蓝队控球，主要任务是发展由守门员组织发起进攻的能力。

当蓝队控制球时，红队消极防守（不允许抢截）；一旦球传过中场，比赛真正开始。2分钟的无限制比赛后，红队进行一次由守门员发起的进攻组合练习。

三、训练要点

（1）快速行动和思考。

（2）一旦守门员控制球，后卫应该拉开空间并且调整合理的身体姿势以具有足够开阔的视野。

后卫应该曲线跑动，这样就可以创造空间，使守门员可以更加容易地传球。

（3）第一位也是最基本的一种变化——当后卫持球转身时，其他3名后卫必须迅速后撤到自己的位置以保护持球队员。

（4）所有队员接球时必须使用远离传球队员的脚接球，这样就可以使队员面向传球的方向。

第九单元

练习1　热身：控球和转移球

练习2　体能训练：变向和爆发力

练习3　控球和配合

练习4　11对4比赛组合和射门练习

练习5　11对6比赛组合和射门练习

练习6　无限制条件的11对11小场地比赛

练习1　热身：控球和转移球　　　15分钟

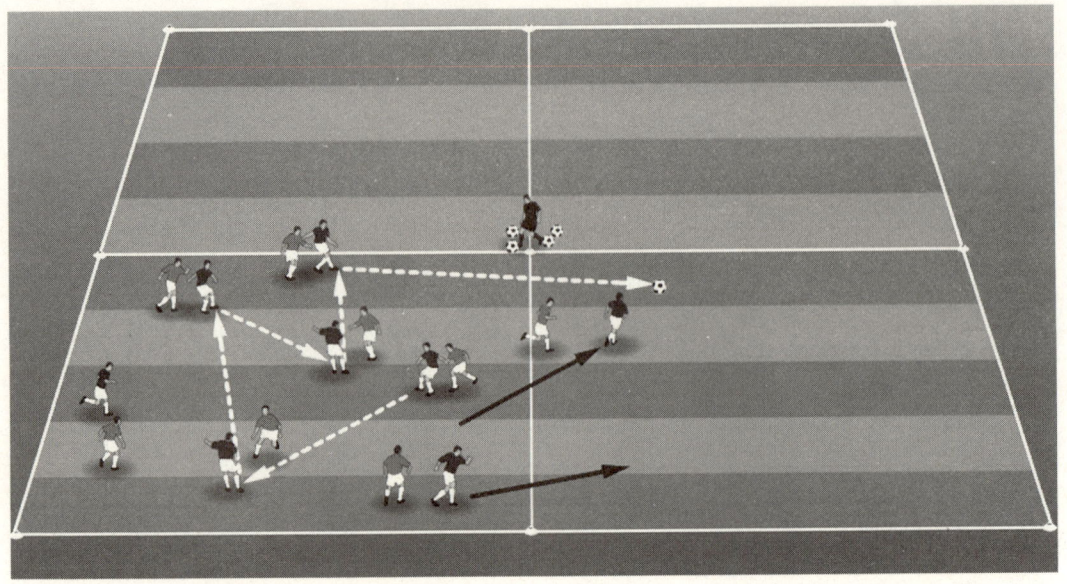

一、训练目标

提高队员控球及长传转移的能力。

二、组织方法

队员分成两组。

比赛的目的是在4块小场地中的一块保持控球。

队员在4块场地中的一块控制球，经过5次传球后，控球一方必须将球长传转移到另一块场地。在这种训练中，最重要的是4次传递后，一名或者更多的队员跑到另一块场地准备接转移过来的长传球。

在场地中央准备一些球，当教练员想调节场地的大小或者模拟一个比赛中的特定场景时，可以决定是否增加另外一个球进入场地。

在训练的5分钟和15分钟后进行拉伸。

三、训练要点

（1）队员应该积极连续地跑动。

（2）半转身面向球场站位以便观察场上所有队员。

（3）如果被盯防，要创造空间摆脱对手。

（4）接长传转移球的队员应该曲线跑动以利于更好地接球。

（5）保持良好的呼应。

第九单元

练习2　体能训练：变向和爆发力　　15分钟

一、训练目标

发展队员的变向和加速能力，以及爆发力。

二、组织方法

1. A组（无球）
- 10码直线加速跑。
- 5码侧向滑步。
- 再次10码直线加速跑。
- 重复5组。

2. B组（有球）
- 10码带球跑：跑动过程中快速变向。
- 5码近距离控球：利用标志物作为障碍进行假动作练习。
- 10码带球跑：跑动过程中快速变向。
- 重复5组。

两组慢跑/运球回到起始位置。重复5组后两组队员交换位置。

练习3　控球和配合

15分钟

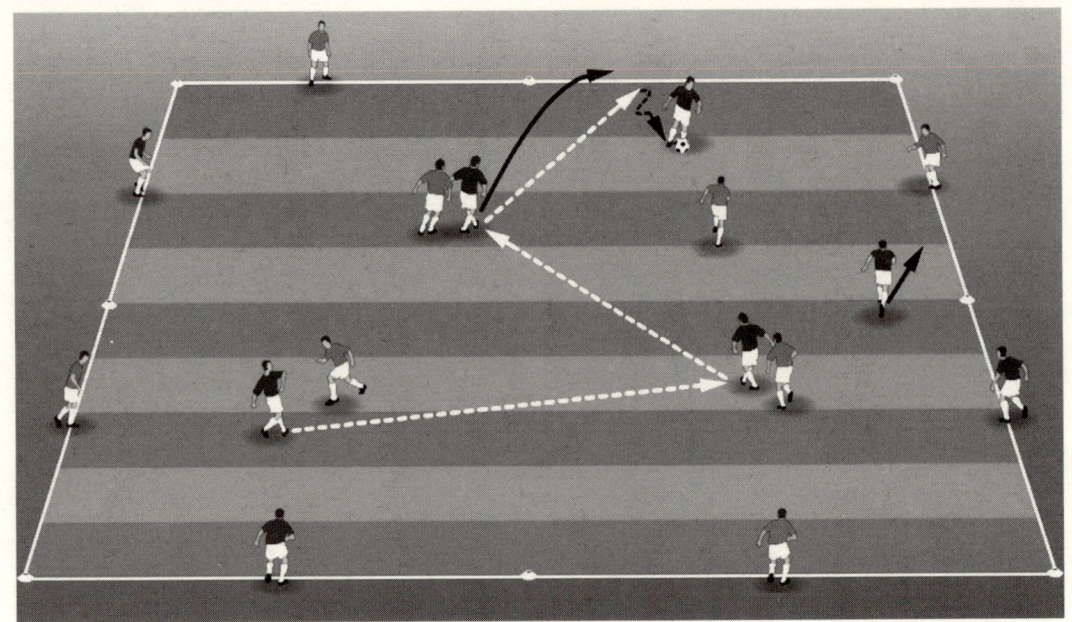

一、训练目标

提高队员的控球能力及相互之间的配合。

二、组织方法

球队分为两队，每队8名队员，在25码×25码的方形区域里练习。

在方形区域里每队出4名队员进行4对4对抗练习，其他队员站在方形区域的边线上。场内的队员控球必须要经过场外同队队员的传接配合。

当球传给场外的一名队员时，该接球队员接球后带球跑到方形区域内，场内传球队员跑到场外接球队员的位置。

三、训练要点

（1）半转身面向球场站位以利于观察场上所有队员。

（2）如果被盯防，要创造空间摆脱对手。

（3）给场外队员传球的队员不要在传球路线上跑动，应曲线跑动绕到带球跑进场内队员的身后。

（4）所有队员（场内和场外）的移动和传接球都要迅速。

四、变换练习

教练员可以加入两位其他颜色的中场队员作为两队的公共队员，但是只允许一脚触球。

第九单元

练习4　11对4比赛组合和射门练习

15分钟

一、训练目标

发展比赛组合、控球及射门能力。

二、组织方法

在半场区域里，11名队员整体对抗4名后卫队员。

11名队员的目的是发展"以射门为目标的进攻组合"。

4名防守队员组成的后卫线使用正确的防守动作。

如果防守队员将球拦截，他们可以进攻两个目标球门。

三、训练要点

（1）必须提高控球能力。

（2）一次或两次触球保障快速传接。

四、提高训练

加入两名防守队员，形成11对6（见下一个练习）。

练习5 11对6比赛组合和射门练习   15分钟

一、训练目标

发展比赛组合、控球及射门能力。

二、组织方法

在半场区域里,11名进攻队员对抗由4名后卫及两名后腰组成的防守队员(图1)。与上一练习相同,11名队员的目的是发展"以射门为目标的进攻组合"。

6名防守队员的目的是阻止对方队员的进攻。如果防守队员抢截到球,必须进行5次传递后才能进攻两个目标球门。

三、训练要点

(1)半转身面向球场站位以利于观察场上所有队员。
(2)如果被盯防,要创造空间摆脱对手。
(3)一次或两次触球保障快速传接。

四、提高训练

增加两名防守队员,形成11对8(图2)。这就意味着防守一方有4名后卫队员和4名中场队员。

第九单元

11名队员的目的是发展"以射门为目标的进攻组合"。

在允许队员自由发挥进行比赛之前,队员应该尝试不同的进攻组合方式。

另外8名队员要尽全力抢截球,抢到球后必须连续传递5次才能进攻目标球门。

(1)在让队员自由发挥之前,让他们尝试不同的进攻组合方式。

(2)半转身面向球场站位,以利于观察场上所有队员。

(3)如果被盯防,要积极跑动创造空间以摆脱防守。

(4)传接球必须快速,尽可能一脚或两脚触球。

练习6　无限制条件的11对11小场地比赛

20分钟

一、训练目标

巩固之前的练习，如控球、转移、进攻组合/由后场组织发起的进攻。

二、组织方法

11对11，如果球队没有这么多队员，可以根据实际人数调整比赛的人数，例如7对7等。

三、训练要点

（1）着重训练之前练习过的控球、转移、进攻组合/由后场组织发起的进攻。

（2）当发现比赛中的错误时，教练员停止比赛并询问队员是否可以做得更好，以及是否有其他更好的选择，然后队员演练更好的选择恢复比赛。

第十单元

练习1　热身：控球和射门

练习2　有球/无球的耐力和速度练习

练习3　预判和抢截球

练习4　比赛情景：假动作和射门

练习5　进攻组合和射门

练习6　小场地比赛：控球和进攻组织

练习1　热身：控球和射门　　　　　　　　15分钟

一、训练目标

在热身活动中提高队员控球及射门能力。

二、组织方法

球队分为两组。

1. A组（前锋）

在罚球区里进行射门，每名前锋从不同侧轮流进行射门练习（连续8～10个球）。

变换练习

- 射门——地滚球。
- 射门——反弹球。
- 射门——空中球（凌空射门）。
- 停球和射门——地滚球。
- 停球和射门——反弹球。
- 停球（胸部停球）和射门——空中球。

第十单元

2. B组（剩下的队员）

进行6对6小场地比赛，目的是控球。两队只有经过5次传递后才能射门。

三、训练要点

1. 前锋

（1）射门之前预判防守队员的位置。

（2）强烈的射门欲望。

（3）重视最接近球门支撑脚的合理位置。

（4）重点调整上身姿态避免将球打高。

2. 小场地传控练习

（1）半转身面向球场站位，以利于观察场上所有队员。

（2）如果被盯防，要积极跑动创造空间以摆脱防守。

（3）快速的传接球。

练习2　有球/无球的耐力和速度练习　　20分钟

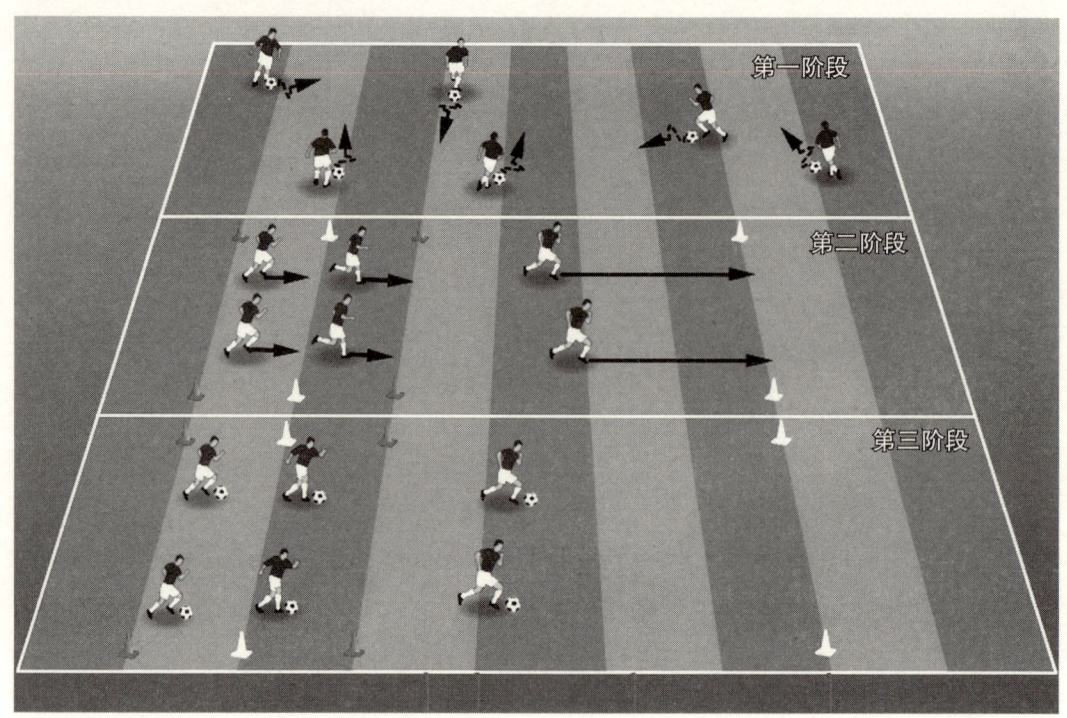

一、训练目标

提高队员有球/无球的耐力和速度能力。

二、组织方法

（1）5分钟：以80%的最大强度带球跑。

（2）3分钟：拉伸。

（3）无球专项冲刺跑（5码）。

慢跑（5码），然后进行5次20码的冲刺跑（每次之间间歇45秒），共进行3组（每组之间间歇3分钟）。

（4）3分钟拉伸。

（5）30码跳跃跑（不同形式的跳跃）。

（6）有球专项跑动（5码）、慢速运球和常速运球（5码）、然后进行5次20码带球冲刺跑（每次之间间歇45秒），共进行3组（每组之间间歇3分钟）。

练习3 预判和抢截球

15分钟

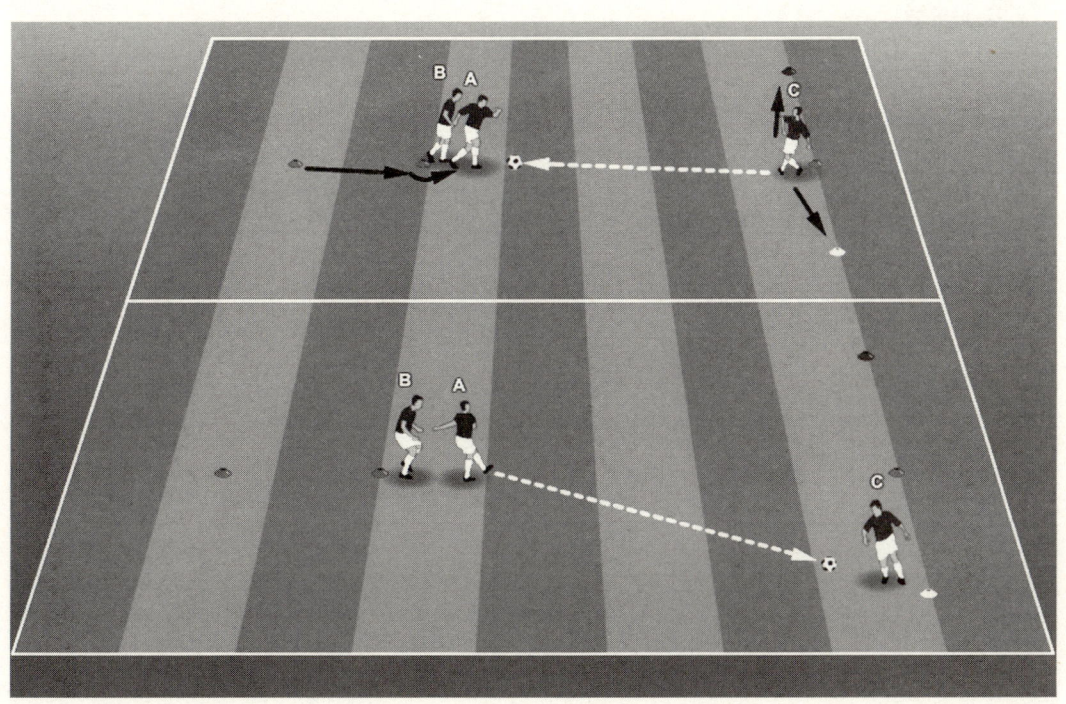

一、训练目标

提高队员预判球速及抢截球的能力。

二、组织方法

球队进行分组，每组3人。

队员A位于红色标志物，也即队员B后3码处。

持球队员C距离黄色和蓝色标志物8码，与同侧红色标志物的距离为3码。

队员C向队员B传球，在传球的同时，队员A需要快速判断球速并决定是开始抢断还是继续等待。

如果队员A预判到球速并做了抢断，他接到球后必须将球回传给队员C。

如果队员A决定等待，他必须防守并且阻止队员B接到球后将球传给队员C。

8分钟后

当队员C传球后,他必须移动到蓝色或黄色标志物接队员A或B的回传球。

三、训练要点

(1) 队员A需要预判球速,然后决定背后防守还是抢断球。

(2) 使脚更接近对手以利于更好地进行抢断球。

(3) 使张开的手臂更接近对手以利于超越到对手的前面。

第十单元

练习4　比赛情景：假动作和射门

15分钟

一、训练目标

在比赛场景下提高队员假动作和射门的能力。

二、组织方法

球队分为两组。

1. A组（后卫和边锋）

队员从边路出发，向假人运球，做一个假动作突破假人后完成射门。要求一次从假人的内侧突破，另一次从假人的外侧突破。

2. B组（剩余球员）

在场地中路区域进行2对1对抗练习。中后卫防守两名前锋或中场队员。

三、训练要点

（1）多次触球。
（2）在完成假动作之后立刻射门。
（3）运球时，球要贴近队员的脚。
（4）双脚都要进行射门练习。

练习5　进攻组合和射门　　20分钟

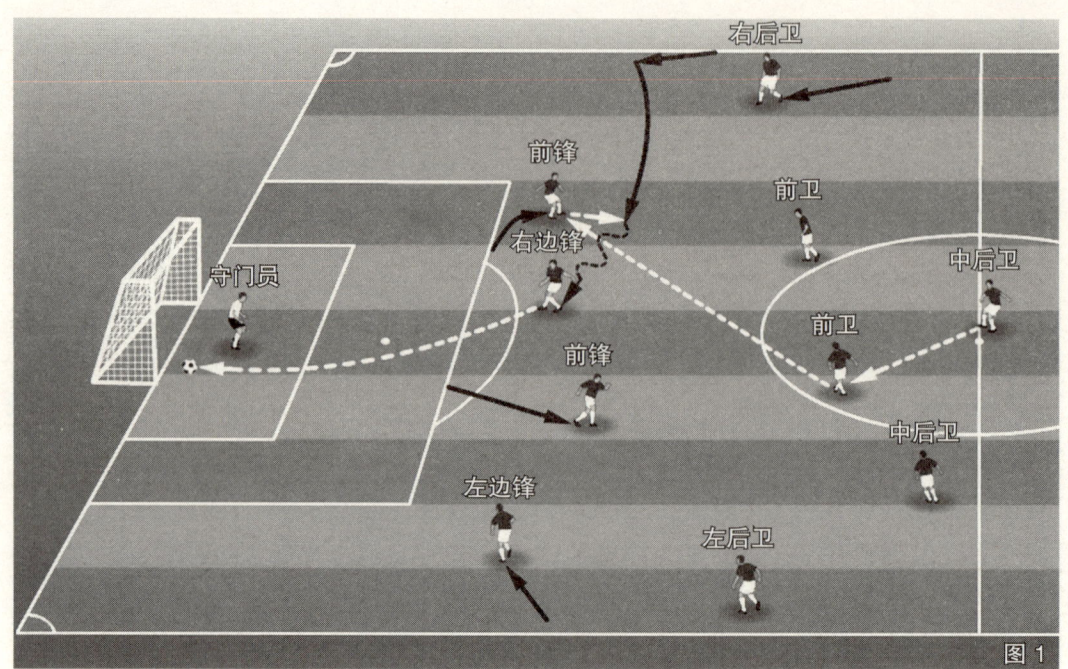

图 1

一、训练目标

提高队员进攻结束阶段的组合和射门能力。

二、组织方法

训练中不安排防守队员。

从中线处发动进攻，练习几种以射门为目的的进攻组合。

在进攻结束阶段，用多种不同的进攻组合方式完成射门。

【示例一】

如图1所示，中前卫接到中后卫传球后，将球传给背对球门的前锋。前锋接球后，将球传给内切跑动的右边锋，右边锋接球后完成射门。

第十单元

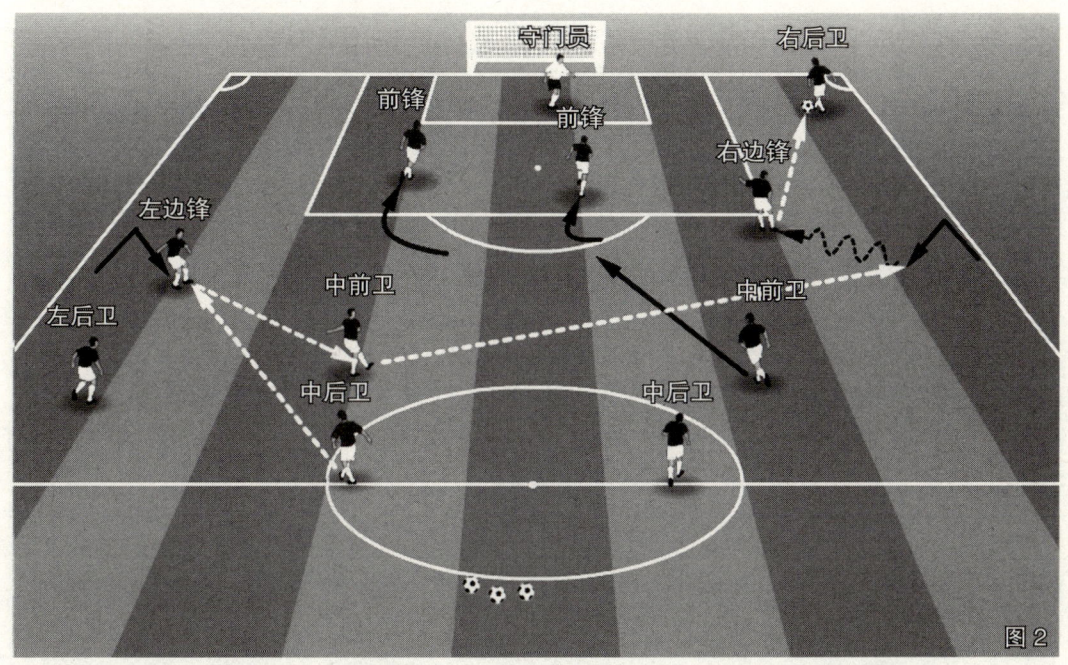

图2

【示例二】

如图2所示，中后卫将球传给左边锋。左边锋在接球前观察周围情况并反跑回撤接球，随后将球向内传给中前卫。

中前卫迅速将球传给内切跑动的右边锋，右边锋向内侧运球为右后卫创造更大交叉跑动空间。

右后卫接运球内切的右边锋传球后将球横传给两名前锋。这两名前锋分别向前后门柱跑动。第二名中前卫跑到罚球区前准备接门将扑出的球或者其他队员的漏球完成射门。

左边锋也可以跑到底线附近准备接可能过顶的球。

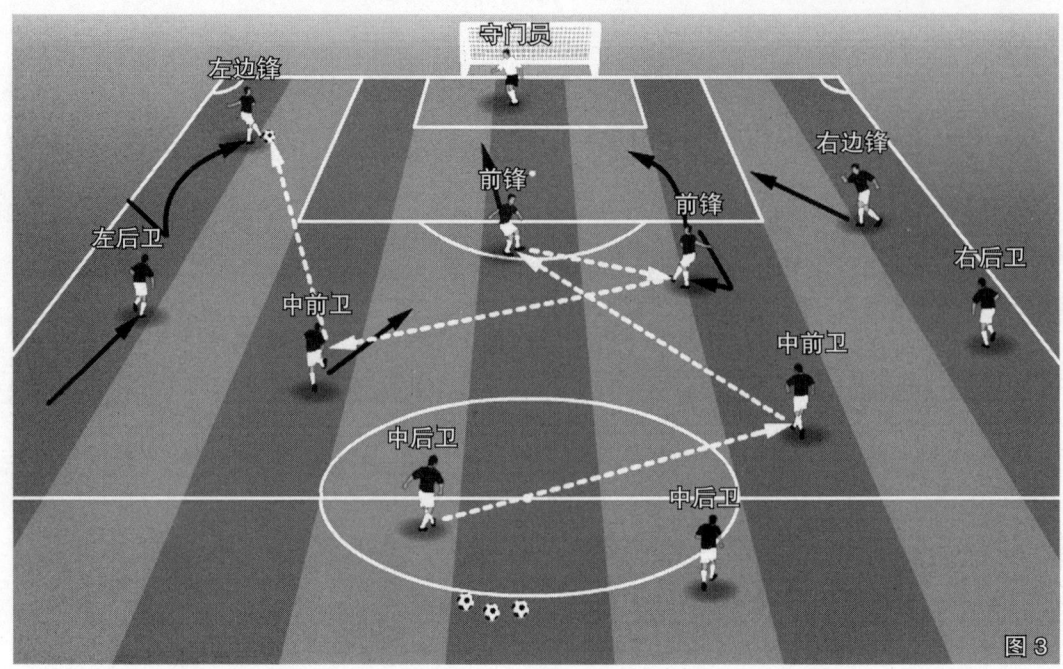

图3

【示例三】

如图3所示，中后卫传球给右侧的中前卫，中前卫接球后快速将球传给远端的前锋，同时，第二名前锋队员跑动中接短传球。

远端前锋一脚触球将球直接传给第二名前锋。

第二名前锋回撤接球并且第一时间将球传给左侧的中前卫。

左侧中前卫接球后将球向前传给左边锋，左边锋将球横传给两名前锋，两名前锋分别向前门柱跑动。第二名中场队员跑到罚球区前准备接从球门反弹回来的球。

右边锋应该跑向底线附近准备接有可能过顶的球。

三、训练要点

（1）跑动时机：队员必须了解所有队员的动作意图，在正确的时机移动。

（2）身体姿势：身体的站位，在接球之前尽可能快地观察对手的球门。

（3）一次或两次触球。

第十单元

练习6　小场地比赛：控球和进攻组织

20分钟

一、训练目标

重点训练之前练习过的控球和进攻组织及射门的能力。

二、组织方法

11对11的比赛。如果球队没有这么多球员，可以用现有人数进行训练，如7对7等。

三、训练要点

（1）快速思考和行动。
（2）尽力保持球权。

第十一单元

练习1　热身：控球和射门

练习2　速度训练

练习3　快速传接球、射门和个人防守

练习4　实战：个人战术、反击和射门

练习5　进攻组合和射门：10对4

练习6　战术比赛：控球和进攻组织

第十一单元

练习1　热身：控球和射门　　　　　　　　15分钟

一、训练目标

提高队员射门、控球、运球、快速变向的能力。

二、组织方法

球队分为两组。

1. A组（前锋）

罚球区内射门——站在罚球区角附近的队员将球抛入罚球区。

前锋的主要目的是射门，让球尽可能地贴近地面。

2. B组（剩余队员）

在25码×25码的区域里运球。

变换练习

● 只用右脚。

● 只用左脚。

● 快速交替：左脚内侧和右脚内侧。

● 用两只脚的脚底。

● 只用右脚：一次脚内侧、一次脚外侧。

- 只用左脚：一次脚内侧、一次脚外侧。
- 运球：用靠近队友的内侧脚来变向。
- 运球：用靠近队友的外侧脚来改向。

三、训练要点

1. 前锋
（1）强烈的射门欲望。
（2）重视最接近球门支撑脚的合理位置。
（3）重点调整上身姿态避免将球打高。

2. 控球技术（运球、快速变向）
（1）多次高质量的触球。
（2）球和脚的距离要近。
（3）柔和的触球感觉。

练习2　速度训练

20分钟

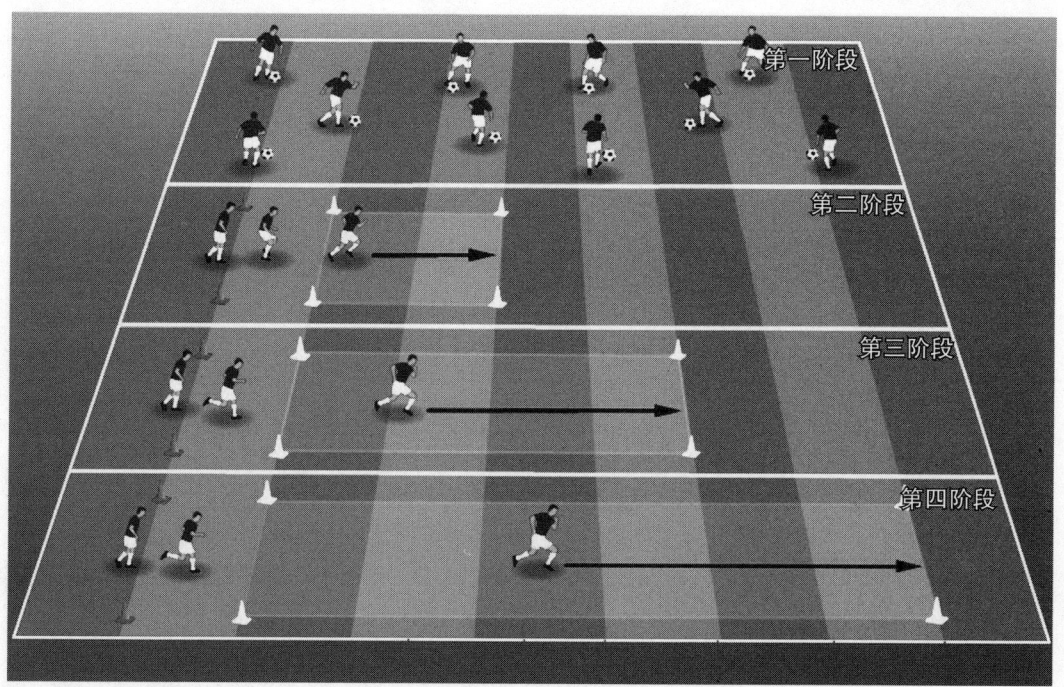

一、训练目标

提高队员无球跑动速度。

二、组织方法

（1）5分钟（第一阶段）：小步幅运球。

（2）（第二阶段）10×10码冲刺跑。

（3）（第三阶段）10×20码冲刺跑。

（4）（第四阶段）10×30码冲刺跑。

（5）5分钟拉伸。

练习3　快速传接球、射门和个人防守　　15分钟

图1

一、训练目标

A组：提高队员快速传接球后的射门能力。

B组：队员正面盯人/防守能力。

二、组织方法

球队分为两组。

1. A组（中场队员和前锋）

队员之间用不同的传接配合进攻方式快速完成射门。

【示例一】

一名中场队员传球给背对球门的前锋队员，前锋队员快速接球后将球传给另一个跑动接应的中场队员，该中场队员接球并完成射门（图1）。

第二名前锋队员需要占据一个有利位置，以利于接球以及得到守门员扑出来的球。

【示例二】

边锋传球给最近的一名前锋，如果这个边锋内切跑动，持球的前锋将传球给他，该边锋接球并完成射门（图2）。

第二名前锋队员需要占据一个有利位置，以利于接球以及得到守门员扑出来的球。

图2

【示例三】

如果边路队员在侧翼跑动，横传空中球给罚球区内两名前锋队员（图3）。

2. B组（后卫）

所有后卫进行1对1攻防训练，重点练习正面防守。

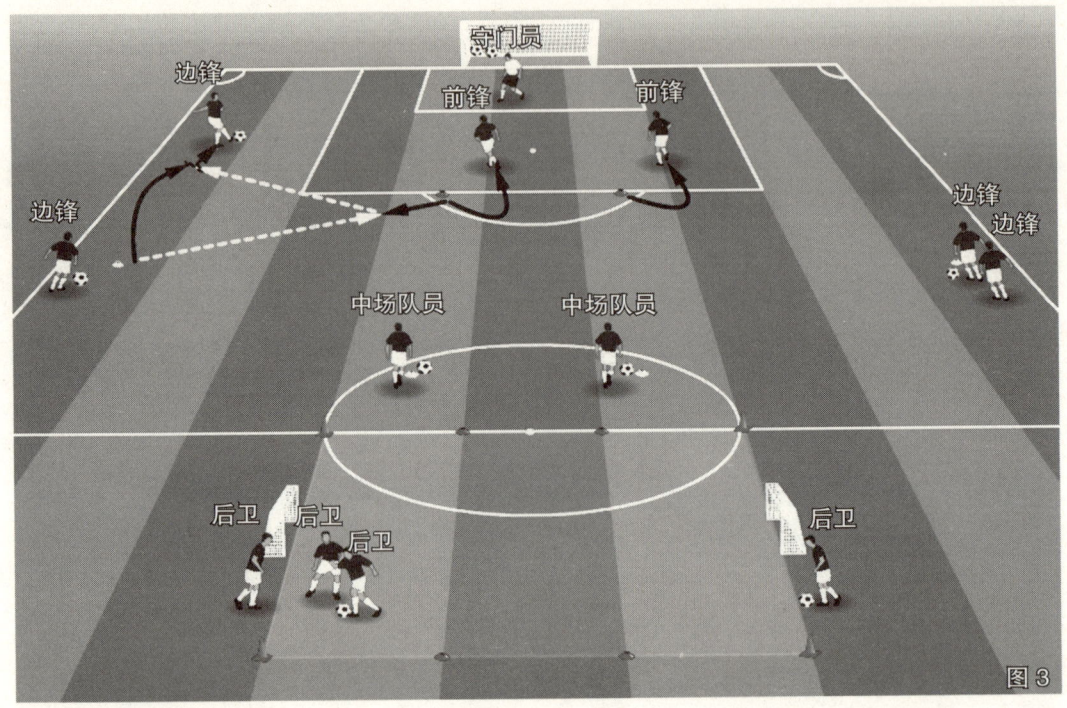

图3

三、训练要点

1. A组（中场和前锋）

（1）时机：所有动作都应在正确的时机完成。

（2）身体姿势：所有队员必须在接球时保持最佳的视野范围。

（3）尽可能在空当处接球，只有这样动作才能迅速。

2. B组（后卫）

（1）预判对手的速度。

（2）后卫的跑动速度要先快后慢，在接近控球队员前减速。

（3）后卫的双脚位置始终保持一脚在前、一脚在后，切勿双脚处于同一水平线上，这也称作"赛马运动员"或者"冲浪运动员"站位。

（4）后卫必须逼迫前锋用弱侧脚控球。

第十一单元

练习4　实战：个人战术、反击和射门

15分钟

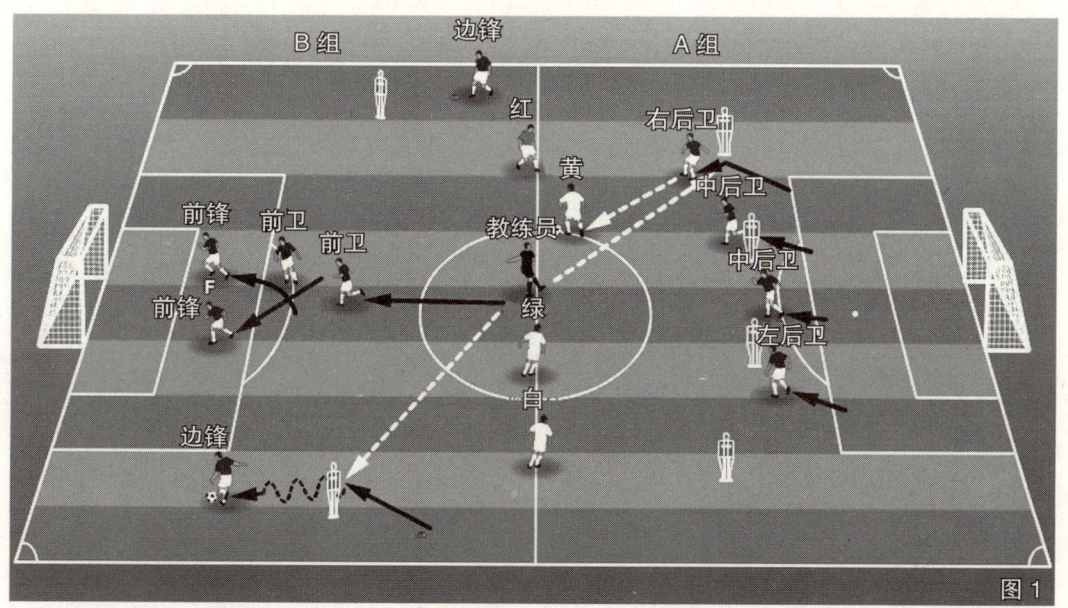

图1

一、训练目标

提高队员实战情景下的个人战术能力，如抢截、快速反击、进攻和射门。

二、组织方法

球队分为两组。

1. A组（整条后卫线和4名中场队员）

4名防守队员站在4个假人后面。

4名不同颜色的中场队员（红、黄、绿、白）站在中线处。

比赛开始时，教练员向4个假人中的一个传出地滚球，后卫队员要像比赛情景一样全力抢截球，抢断后将球传给正确颜色的中场队员模拟一次反击（图1）。

接球队员的颜色由教练员决定并喊出。

变换练习

（1）教练员的传球可以是地滚球也可以是空中球。

（2）如图2所示，教练员传球后可以给出特殊的信号，场上队员形成4对4（4种颜色的中场队员对4名防守队员）。

图2

2. B组（前锋、边锋和两名中场队员）

中场队员将球传到边路空当处，边锋预判来球，接球突破防守假人后传一个空中球给罚球区里的两名前锋和一名中场队员。

另一名中场队员在罚球区外，准备好射门。

三、训练要点

A组

（1）队员应预判球速以便决定背后防守还是抢截。

（2）使脚更接近对手以利于准确地预判对手的动作及抢截球。

（3）张开手臂接近对手以利于超越到对手的前面。

（4）反击之前的传球一定要迅速，然后所有后卫都要前压。

第十一单元

练习5　进攻组合和射门：10对4

20分钟

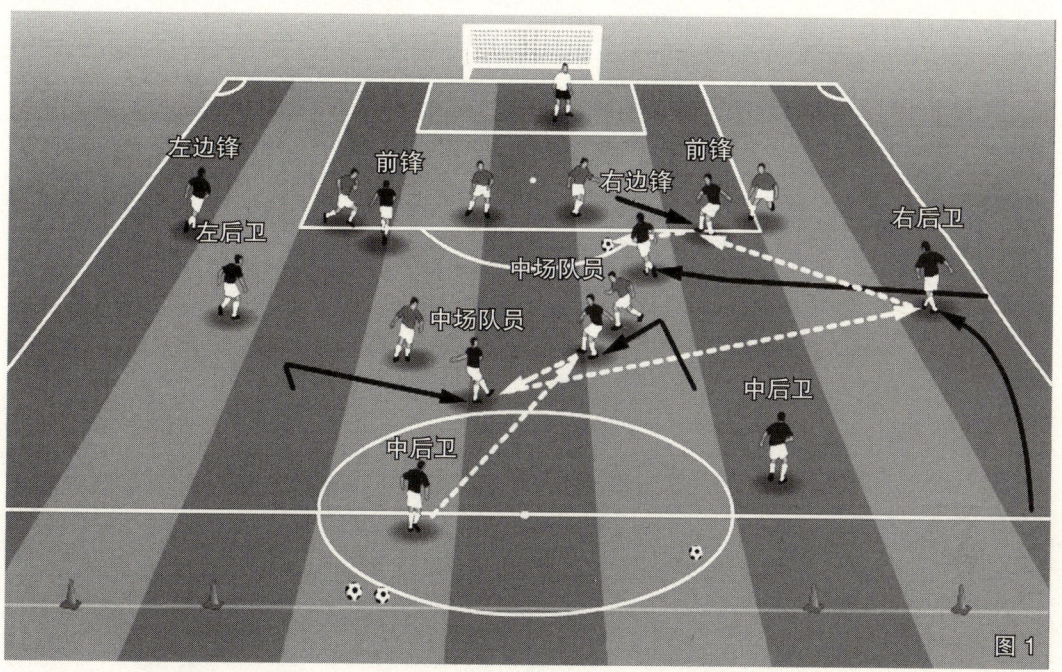

图1

一、训练目标

提高球队以射门为目的的进攻组织能力——4-4-2阵型。

二、组织方法

球队要尝试所有进攻结束阶段的组合方式完成射门。
- 前10分钟需要4名后卫和2名中场队员（图1）。
- 后10分钟需要4名后卫和4名中场队员（图2）。
- 后10分钟需要4名防守队员和4名中场队员

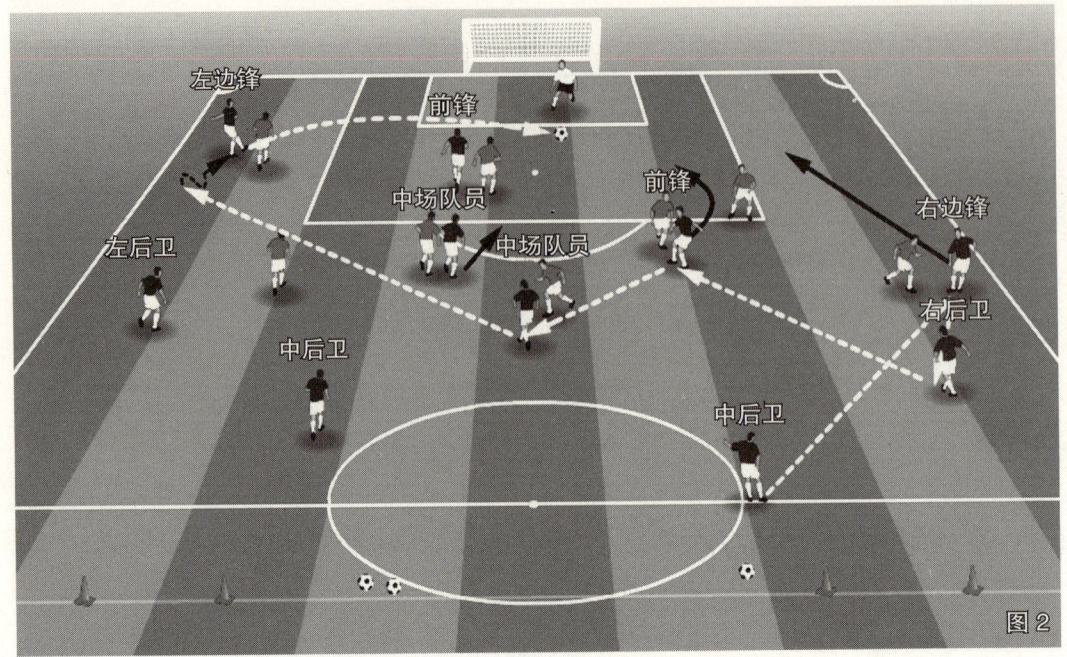

图2

三、训练要点

（1）队员跑动时机必须正确，并且要正确理解周围队友的跑动意图。

（2）接球之前要改变体位方向，尽可能快地看到对方球门。

（3）传接要快速——一次或两次触球。

第十一单元

练习6　战术比赛：控球和进攻组织

15分钟

一、训练目标

重点提高之前训练中的控球、进攻组织战术和射门。

二、组织方法

11对11，如果没有这么多的队员，用现有队员进行安排，如7对7等。

教练员应要求进攻方在比赛中尝试所有的进攻组合，如果比赛中出现错误，教练员应停止比赛进行讲解指导。

三、训练要点

（1）通过再现之前的训练比赛场景，重复练习之前学习的进攻方式。

（2）重点突出控球，提高队员的比赛能力。

第十二单元

练习1　热身：控球和射门

练习2　2对1起动速度

练习3　正面1对1对抗情景

练习4　压迫情况下的反击

练习5　小场地比赛：快速传接

练习6　反击战术比赛

第十二单元

练习1　热身：控球和射门　　　　　　15分钟

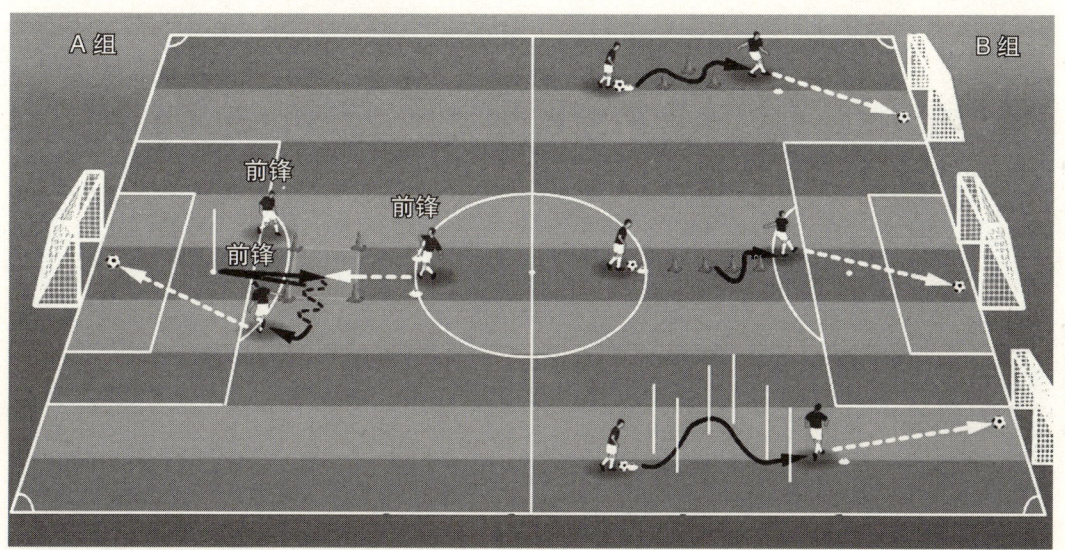

一、训练目标

在热身活动中提高控球及射门能力。

二、组织方法

球队分为两组。

1. A组（前锋）

前锋必须在方形区域内开始练习，首先背对球门，接球之前向黄色标志杆跑动并反跑接球，该队员必须在接球的第一时间迅速转身带球离开方形区域并射门。

- 用脚内侧接地面球和空中球。
- 用脚外侧接地面球和空中球。
- 用胸部接球。

2. B组（剩余球员）

布置三块训练场地，队员必须在罚球区外射门前呈S形带球绕过标志桶、标志杆。

三、训练要点

（1）接球前，前锋必须创造空间，提前观察。

（2）射门前必须预判对手的防守位置。

（3）强烈的射门欲望。

（4）调整靠近球门的支撑脚的合理位置。

（5）调整上身姿态避免将球打高。

练习2　2对1起动速度

15分钟

图1

图2

一、训练目标

通过2对1对抗练习提高队员起动速度。

二、组织方法

按照教练员的要求，3名队员必须穿着不同颜色的训练服跳过3个栏架并且冲刺15码到达球的位置（图1）。

首先控球的队员必须大声喊叫另外一种颜色（假设黄色球员喊出蓝色），然后和蓝色队员成为队友，与红色队员对抗，形成一个2对1对抗（图2）。

目标是将球带过球门得分。

第十二单元

练习3　正面1对1对抗情景

15分钟

一、训练目标

发展1对1对抗情景下的运球、带球和射门能力。

二、组织方法

教练员布置3块小矩形场地以避免过多的等候时间。

1对1正面对抗情景——如果防守队员得到球，他必须立刻向两侧小球门射门。

三、训练要点

（1）动作要快速。

（2）运球时尽可能多地触球。

（3）假动作后尝试立刻射门。

（4）运球时球一直不远离脚。

（5）尝试在对手弱侧突破。

练习4　压迫情况下的反击　　20分钟

一、训练目标

提高紧逼压迫情况下的反击能力。

二、组织方法

如第六单元练习4：在场地上放置10个假人（也可以用大标志桶）假扮对手。每个假人标记为1~10号。

教练员随机叫出一个数字，队伍开始整体移动，模拟整队紧逼和站好防守位置，这是真实比赛中的一种情况。

如图所示：教练员将球抛到某一个假人处，最近的防守队员重新获得球并且开始反击。

提高球队不同的反击能力，球队要尽力在5次传球内完成射门。

三、训练要点

（1）所有动作必须在尽可能快的速度下完成。

（2）尽量减少触球次数。

（3）尽可能每人都是一脚触球完成训练。

第十二单元

练习5　小场地比赛：快速传接

15分钟

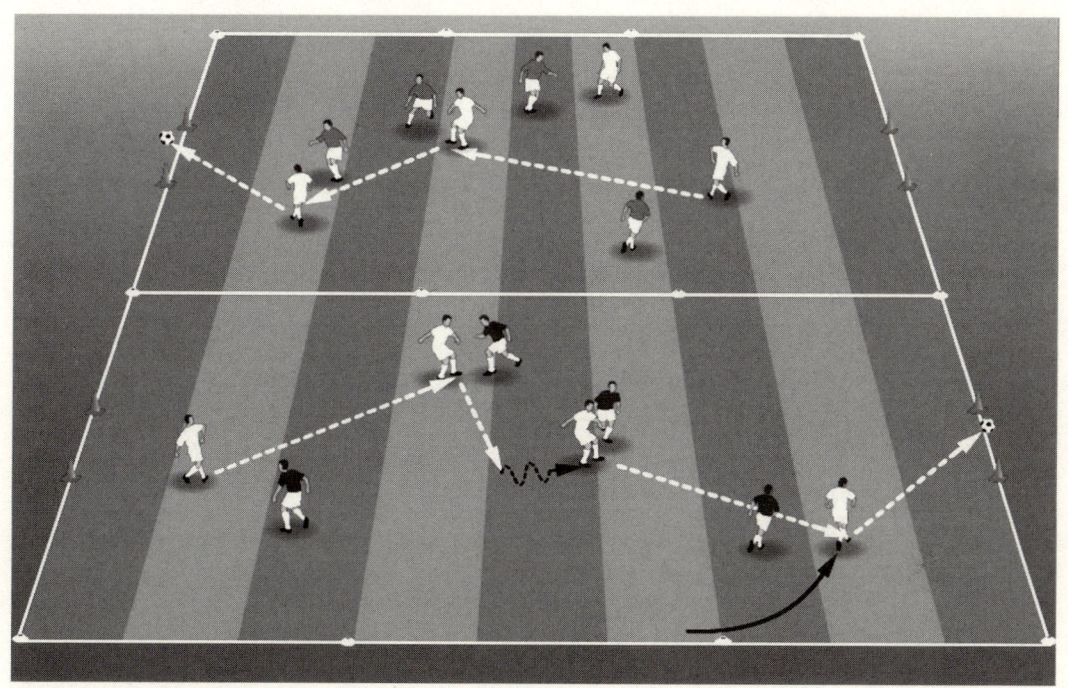

一、训练目标

通过小场地比赛提高队员快速传接的能力。

二、组织方法

整个球队划分为4个队，每队4人（也可是3对3、5对5，主要取决于球队人数）。每半场比赛时间为5分钟。比赛结束后，两个胜利的队和两个失利的队再分别比赛，比赛时间同样是10分钟。

三、训练要点

（1）激励队员必须快速思考和行动，在接球前做出正确的传球选择。

（2）正确的身体姿势（半转身、面向球场）和站位，这对决定下一次传球方向至关重要。

练习6　反击战术比赛

20分钟

一、训练目标

战术比赛：用真实的比赛提高战术反击能力。

二、组织方法

11对11比赛。如果没有足够的队员，可以以现有队员进行安排，如7对7等。

教练员持球站在场地附近，当一支队伍处于进攻状态时（如7名运动员都在对方半场），教练员将球传给被压迫的防守球队，防守球队得到球后必须展开快速反击。

三、训练要点

（1）队员必须尽可能快的移动。

（2）在球到达射门区域之前要尽量减少触球次数，最好在5次之内。

版 权 声 明

书名：Italian Academy Training Sessions For U15-U19

作者：Soccer Italian Style Coaches(Mirko Mazzantini and Simine Bombardieri)

Copyright: ©2012 by SoccerTutor.com Ltd.

图字：01—2014—0720

本书中文版由英国SoccerTutor.com Ltd.出版公司授权出版

图书在版编目(CIP)数据

意大利足球青训营训练教程：源于意大利足球甲级联赛完整足球训练计划. U15~U19/（意）马赞蒂尼、邦巴迪里 著；于浩，梁国强，王晓楠译. –北京：人民体育出版社，2015

书名原文：Italian academy training sessions for U15-U19
ISBN 978-7-5009-4806-3

Ⅰ.①意⋯ Ⅱ.①马⋯ ②邦⋯ ③于⋯ ④梁⋯ ⑤王⋯
Ⅲ.①青少年–足球运动–运动训练–意大利–教材 Ⅳ.①G843.2

中国版本图书馆 CIP 数据核字（2015）第 082386 号

*

人民体育出版社出版发行
三河兴达印务有限公司印刷
新 华 书 店 经 销

*

787×1092 16 开本 7.5 印张 120 千字
2015 年 9 月第 1 版 2015 年 9 月第 1 次印刷
印数：1—5,000 册

*

ISBN 978-7-5009-4806-3
定价：18.00 元

社址：北京市东城区体育馆路 8 号 （天坛公园东门）
电话：67151482（发行部） 邮编：100061
传真：67151483 邮购：67118491
网址：www.sportspublish.com

（购买本社图书，如遇有缺损页可与邮购部联系）